우주 탐험 백과

국제 우주 정거장 밖에서 일하는
우주 비행사들이에요. 뒤에는
우주에서 바라본 지구가 보여요.

우주 탐험 백과

SPACE EXPLORATION FOR KIDS

지구를 떠나 미지의 우주로!
찬란한 우주여행 이야기

브루스 베츠 박사 지음 | **이은경** 옮김

바이킹

Space Exploration for Kids by Bruce Betts
Copyright © 2020 by Rockridge Press, Emeryville, California
Illustrations © 2020 Corior Buckley
First published in English by Rockridge Press, an imprint of Callisto Media, Inc.

Korean Translation Copyright © 2022 BONUS Publishing Co.
Korean edition is published by arrangement with Callisto Media, Inc.
through Corea Literary Agency(CLA), Seoul

이 책의 한국어판 저작권은 Corea 에이전시를 통한 Callisto Media, Inc.와의 독점 계약으로 보누스출판사에 있습니다.
저작권법에 의하여 보호를 받는 저작물이므로 무단전재와 무단복제를 금합니다.

차례

반가워요, 어린이 과학자 여러분! 9

우주 탐험의 역사 10

1장 놀라운 우주 13

우주에서의 거리 14
우주에서 느끼는 감각 17

2장 발사 카운트다운! 27

우주 비행사는 어떤 훈련을 할까요? 28
우주 비행사가 가져가야 할 물품 32

3장 이륙 준비! 39

로켓에 대한 모든 것 40
유인 우주선 43

4장 우주에서의 생활 53

우주 비행사의 집 54
우주 비행사가 하는 일 56
우주 비행사의 일상생활 59

5장 우주에 가 본 적 있나요? 65

우주에서 생긴 인류 최초의 사건과 환상적인 업적들 66
우주로 간 동물들 70
우주에 가져간 물건들 71

6장 우주로 가는 티켓 77

여러분은 지금 무엇을 할 수 있을까요? 78
여러분은 미래에 무엇을 할 수 있을까요? 78

더 알아보기 81   용어 풀이 82   찾아보기 84

NASA 소속의 우주 비행사 앤드류 모건이 국제 우주 정거장 밖에서 우주 유영을 하고 있어요.

반가워요, 어린이 과학자 여러분!

안녕하세요? 여러분, 저는 우주를 너무 좋아해서 행성 과학자가 된 브루스 베츠 박사예요. 행성 과학자는 행성, 위성, 심지어 소행성과 혜성까지 연구하는 일을 해요. 저는 행성에 관해 가르치고, 사람들이 우주에 대해 흥미를 느끼게 하는 일을 정말 좋아해요. 그래서 이 책을 썼지요.

여러분은 미래에 우주 비행사를 꿈꾸고 있나요? 우주 비행사가 우주에 있을 때 무슨 일을 하는지 궁금한가요? 우주 비행사는 어떤 훈련을 받을까요? 이 모든 것들이 궁금하다면, 이 책이 여러분의 궁금증을 시원하게 풀어 줄 거예요! 만약 여러분이 우주 비행사라면 어떤 생활이 펼쳐질까요?

인간은 여러 가지 이유로 우주에 가요. 우리는 원래 호기심이 많아서 미지의 영역에 대해 항상 알고 싶어 하죠. 우주를 탐사하면서 얻은 정보는 인류에게 많은 도움을 줘요. 우주 탐사 덕분에 우리는 새로운 기술을 개발하고 과학적 발견을 할 수 있어요. 전 세계 사람들과 함께 일하는 우주 비행사는 지구에 살고 있는 사람들에게도 영감을 줘요.

우주란 무엇이고, 우주에서 어떤 일이 벌어지는지 알려줄게요. 우주 비행사가 우주여행을 위해 어떻게 훈련하고 무엇을 준비하는지도 배울 수 있어요. 우주로 발사되어 우주 정거장에서 사는 것은 어떤 기분인지, 인간이 아닌 다른 우주 비행사는 누가 있었는지 탐구하는 것도 흥미진진할 거예요. 마지막으로, 여러분은 우주 비행사가 되기 위해 무엇을 준비해야 하는지 배울 거예요!

사실 여러분은 이미 우주 여행자예요! 지구가 태양 주위를 돌거나 이동하는 동안 우리는 우주를 통과하고 있거든요. 이제 저와 함께 지구 너머로 여행할 준비가 되었나요?

자, 떠나 봅시다!

브루스 베츠 박사

우주 탐험의 역사

1961년 4월 12일
유리 가가린이 최초의 우주 비행사가 되었어요.

1961년 5월 5일
앨런 셰퍼드가 미국 최초의 우주 비행사가 되었어요.

1963년 6월 16일
발렌티나 테레시코바가 최초의 여성 우주 비행사가 되었어요.

1965년 3월 18일
알렉세이 레오노프가 최초의 우주 유영을 성공했어요.

1966년 3월 16일
제미니 8호가 최초로 우주에서 두 개의 우주선을 결합하는 우주 도킹에 성공했어요.

1968년 12월 24일
아폴로 8호가 성공적으로 달 궤도에 진입했어요.

1969년 7월 20일
아폴로 11호의 임무를 수행하는 동안 닐 암스트롱은 인류 역사상 최초로 달 위를 걸었어요. 두 번째로 달을 걸은 사람은 버즈 올드린이에요. 그는 애니메이션 영화 〈토이 스토리〉의 주인공인 '버즈'의 모티브가 된 인물이랍니다.

1971년 4월 19일
최초의 우주 정거장 살류트 1호가 발사되었어요.

1972년 12월 14일
아폴로 17호가 마지막 달 착륙 임무를 완수하고 달을 떠났어요.

1973년 5월 14일

미국 최초의 우주 정거장인 스카이랩이 발사되었어요.

1975년 7월 17일

서로 다른 나라에서 발사한 두 우주선이 도킹에 성공했어요. 미국의 아폴로 우주선과 러시아의 소유스 우주선이었죠.

1981년 4월 12일

세계 최초의 우주 왕복선 컬럼비아호가 발사되었어요.

1983년 6월 18일

샐리 라이드는 미국 최초의 여성 우주 비행사가 되었어요.

1986년 2월 20일

미르 우주 정거장의 중심 모듈이 발사되었어요.

1998년 11월 20일

국제 우주 정거장(ISS) 건설이 시작되었어요.

2000년 11월 2일

세 명의 우주 비행사가 최초로 국제 우주 정거장에 머물렀어요. 이후 국제 우주 정거장은 우주 비행사의 거주 공간으로 사용돼요.

2011년 9월 29일

중국의 실험용 우주 정거장 톈궁 1호가 발사되었어요.

2020년 5월 30일

팰컨 9에 탑승한 민간 유인 우주선인 '크루 드래건'이 국제 우주 정거장으로 발사됐어요. 이것은 2011년 우주 왕복선 프로그램이 끝난 후, 최초로 민간 기업(스페이스X)이 실행한 첫 유인 궤도 발사예요.

우주에서 본 마다가스카르.

1장
놀라운 우주

우주는 어디일까요? 지구 대기권 밖이 모두 우주예요. 우주 비행사는 우주선을 타고 우주로 가요. 우주에 가기 위한 여정은 특별한 장비와 많은 계획이 필요하죠. 예를 들어, 우주에는 숨을 쉴 수 있는 산소가 없기 때문에 우주 비행사는 반드시 산소통을 가지고 가야 해요. 이번 장에서는 우주에서 어떻게 비행하는지 알아볼 거예요. 먼저 우주가 정확히 무엇인지 배워요. 그런 다음, 우주를 비행하는 것이 어떤 느낌인지, 우주가 어떻게 생겼는지, 심지어 우주에서는 어떤 냄새를 맡을 수 있는지도 알려 줄게요. 자, 이제 시작해 볼까요?

우주에서의 거리

우주는 정말 거대한 공간이에요! 우주선이 태양계에서 가장 먼 행성까지 도달하는 데 몇 년이 걸릴지 몰라요. 우주선이 태양계 밖의 가장 가까운 별까지 도달하려면 수천 년이 걸릴 수도 있어요. 우주 비행사는 그렇게 멀리까지 여행하지 않아요. 우주에서 비행하지만 지구에 훨씬 더 가까이 머물러요.

우주는 정확히 어디서부터 시작될까요? 과학자들은 우주가 지구 표면에서부터 약 100킬로미터 떨어진 지점부터 시작된다고 주장해요. 여러분이 차를 운전해서 우주까지 갈 수는 없겠지만, 한번 상상해 보세요. 고속도로를 달리는 속도로 하늘을 향해 직선으로 차를 운전한다면, 우주에 도달하는 데 한 시간 정도 걸릴 거예요.

우주에 도착하면 공기가 거의 없어서 숨쉬

국제 우주 정거장(ISS)

기가 힘들 거예요. 공기는 우리가 호흡하는 데 필수적인 물질이죠. 지구 주변의 모든 공기를 대기라고 해요. 우리가 대기권에 높이 올라갈수록 공기는 점점 더 희박해져요. 높은 산에 올라갔을 때 숨쉬기 어려운 이유가 바로 이 때문이에요.

우주 비행사는 공기가 희박한 우주로 가기 위해 특수 제작된 **우주복**을 입고 **로켓**에 몸을 실어요. 로켓과 우주복에 관해서는 나중에 자세히 알려 줄게요.

국제 우주 정거장(ISS)은 지구에서 약 402킬로미터 상공에 위치해요. 우주 정거장은 우주에서 사람이 머무를 수 있는 공간이에요. 우주 비행사는 이곳에 우주선을 정박하고 머물러요. 우주 정거장은 지구 궤도를 돌아요. 궤도를 돈다는 것은 계속 지구 주위를 돌고 있다는 의미예요.

지구에서 로켓을 발사해 사람이나 보급품을 우주 정거장으로 보내려면 약 402킬로미터를 올라가야 해요. 또한 지구 궤도를 돌 수 있을 만큼 빨리 가야 하죠. 로켓은 시속 약 2만 8천 킬로미터의 속도로 가야 해요. 속도가 너무 빨라서 1시간 30분 만에 지구를 다 돌 수 있을 정도죠. 여러분이 영화 한 편 보는 데 걸리는 시간과 비슷해요. 달은 국제 우주 정거장보다 약 1,000배나 멀리 떨어져 있어요! 달은 지구에서 약 38만 킬로미터 떨어져 있죠. 이는 달에 도달하는 것이 훨씬 더 힘들다는 사실을 의미해요.

화성은 지구에서 달까지의 거리보다 150

자세히 보기

국제 우주 정거장(ISS)은 왜 우주 밖으로 떨어지지 않을까요? 이 원리를 이해하려면 **중력**의 원리를 알아야 해요. 여러분이 사과를 떨어뜨렸을 때, 사과가 날아가지 않고 땅에 떨어지는 것은 지구가 사과를 끌어당기고 있기 때문이에요. 이 힘을 중력이라고 해요. 우리가 땅 위에 서 있을 수 있는 것도 바로 중력 때문이죠. 여러분이 공을 던지면, 공은 포물선을 그리며 날아가요. 공을 빠르게 던질수록 땅에 닿기 전에 더 멀리 날아가죠. 만약 여러분이 공을 초고속으로 던진다면, 공은 계속 날아가지만 땅에는 절대 닿지 않을 거예요. 마찬가지로 우주선은 궤도에 머물기 위해 매우 빠른 속도로 가야 해요. 그래야 우주선이 지구에 떨어지지 않을 테니까요! 더 자세한 내용은 21쪽을 참고하세요.

놀라운 우주

배 이상 더 멀어요. 먼 미래에는 화성에도 우주 비행사를 보낼 수 있을 거예요. 아마 우주 비행사가 그곳에 도달하려면 7개월 이상이 걸릴 거예요. 우주선에서 정말 긴 시간을 보내겠네요!

> **알고 있었나요?**
> 로켓이 우주선을 우주로 쏘아 올리는 데 약 8분에서 9분이 걸려요.

달은 지구로부터 약 38만 킬로미터 떨어져 있어요.

지구 중심은 지표면 아래 약 6,360킬로미터 깊이에 있어요.

국제 우주 정거장의 평균 고도 (약 402km)

우주와 하늘의 경계 (100km)

에베레스트산의 높이 (8.8km)

여객기의 고도 (약 11.2km)

우주의 경계

우주에서 느끼는 감각

우주에 가면 어떤 기분일까요? 우주 비행사는 어떻게 우주를 느낄까요?

여러분은 우주가 어떻게 생겼는지 알고 있나요? 우주는 맑은 날씨에 밤하늘을 올려다보면 보이는 하늘처럼 캄캄해요. 지구는 낮 시간에 햇빛이 대기 주위를 반사해서 밝고 푸른 하늘이 보여요. 하지만 우주에는 대기가 없기 때문에 빛이 반사할 수 있는 것이 없어요. 그래서 우주 비행사가 바라보는 모든 곳이 어둡고 캄캄하죠. 물론 엄청나게 밝은 태양과 지구, 달을 바라볼 때는 제외하고요.

우주 비행사가 우주에서 바라보는 지구는 어떨까요? 너무나 아름다울 거예요. 우주에서는 푸른 바다, 부풀어 오른 흰 구름, 다양한 색깔의 땅이 보여요. 심지어 번개 치는 모습과 도시의 반짝이는 야경도 볼 수 있답니다.

지구에는 하루에 한 번씩 일출과 일몰 현상이 일어나요. 이는 지구가 24시간마다 한 번씩 회전하기 때문이죠. 이것을 **자전**이라고 해요. 국제 우주 정거장의 우주 비행사들은 지구를 90분마다 한 바퀴씩 돌아요. 그래서 우주 비행사들은 하루에 일출과 일몰을 16번씩이나 볼 수 있어요. 우주에서 보는 일몰은 얼마나 멋지고 근사할까요?

국제 우주 정거장에서 바라본 일출. 사진에 보이는 구조물은 국제 우주 정거장에 전력을 공급하는 태양 전지의 일부예요.

국제 우주 정거장에 있는 우주 비행사와 물체는 마치 중력이 없는 것처럼 떠다니지만, 여전히 지구의 중력이 작용하고 있어요. 그럼에도 많은 우주 비행사가 국제 우주 정거장에서 '무중력' 상태를 느낀다고 해요. 이렇게 느끼는 이유는 우주 정거장이 지구를 돌면서 만들어 내는 원심력과 지구 중력의 영향이 서로 균형을 이루기 때문이에요.

우주에서는 어떤 소리가 들릴까요? 우주에서는 소리가 들리지 않아요. 왜일까요? 소리가 이동하려면 공기나 물처럼 소리를 전달할 물질이 필요해요. 하지만 우주에는 공기가 없기 때문에 소리가 이동할 수 없답니다. 우주 관련 영화를 보면 우주선 밖에서 큰 소리를 내는 장면이 나오지만, 여러분이 우주에 있다면 그 어떤 소리도 듣지 못할 거예요.

우주 비행사 제시카 메이어가 국제 우주 정거장 안에 떠 있어요. 앞에 떠다니는 스패너를 보세요!

자세히 보기

국제 우주 정거장에 있는 우주 비행사와 물체는 마치 중력이 없는 것처럼 떠다니지만, 여전히 지구의 중력이 작용해요. 사실 우주 정거장은 떠 있는 것이 아니라 지구를 향해 떨어지고 있다고 말할 수 있어요. 단지 떨어지는 것을 느끼지 못할 뿐이죠. 국제 우주 정거장에서 우주 비행사는 '무중력' 상태를 느낀다고 하지만 이것은 우주 정거장이 지구를 돌면서 만들어 내는 원심력과 지구의 중력이 서로 영향을 주고 있기 때문에 무중력처럼 느껴지는 것뿐이에요.

우주 비행사는 우주선 내부와 우주복 안에 있는 공기로 소리를 들을 수 있어요. 선풍기나 다른 기계의 소리도 들을 수 있죠. 또한 우주선 내부에 있을 때 우주선의 로켓이 발사되는 소리도 들을 수 있답니다. 이상한 질문일 수도 있지만, 우주에서는 어떤 냄새가 날까요? 우주 비행사는 우주복을 벗으면 특유의 냄새가 난다고 말해요. 어떤 사람은 익힌 스테이크나 구운 아몬드 냄새가 난다고 말하죠.

우주에서도 맛을 느낄 수 있을까요? 우주 공간이라는 극한의 상황에서 우주 비행사의 미각에 변화가 온다는 연구 결과가 있어요. 무중력 상태, 비좁은 공간, 스트레스가 심한 심리 상태 등의 영향을 받아 우주 비행사는 더 짜고 자극적인 맛을 선호한다고 해요.

우주에서는 음식도 공중에 떠다녀요. 우주 왕복선에서 우주 비행사 줄리 파예트가 토르티야, 항아리, 나이프 등과 함께 떠 있어요.

놀라운 우주 19

지구 궤도를 도는 나사의 허블 우주 망원경으로 관측한
화려한 성운(거대한 가스와 먼지 구름).

어린이 과학자 활동을 해 봐요

자신만의 우주선을 만들어 궤도를 관찰해 봐요!

재료
- 접착력이 강한 테이프
- 90cm 길이의 줄 또는 얇은 리본
- 작은 공(테니스공이나 작은 봉제 인형 크기) 1개

활동
1. 주변 어른의 도움을 받아 줄의 한쪽 끝에 공을 단단히 묶거나 테이프로 붙이세요. 그 공이 여러분의 우주선이에요. 줄은 지구의 중력을 나타내요.
2. 주변에 부서질 것이 없는 바깥이나 여유 공간이 많은 곳으로 가세요.
3. 줄의 한쪽 끝을 잡고 공을 여러분 앞이나 머리 위로 돌리세요.
4. 공을 빠르게 돌리면 줄이 곧게 펴져요. 중력이 국제 우주 정거장을 궤도에 머무르도록 하는 것처럼 줄이 공을 궤도에 머무르게 만들죠.

놀라운 우주

미국 팔로마산 천문대에 있는
508cm의 반사 망원경.

천문 관측의 역사를 알아봐요

불과 400년 전까지만 해도 사람들은 오직 맨눈으로만 하늘을 관찰할 수 있었어요. 1608년, 네덜란드의 안경 제조업자인 한스 리퍼세이가 최초의 망원경을 설계하면서 상황이 변했어요.

망원경은 멀리 있는 물체를 더 크게 볼 수 있도록 곡면 렌즈나 거울을 사용해요. 이탈리아의 천문학자 갈릴레오 갈릴레이는 망원경을 만들어 최초로 천체를 관측한 사람이었어요. 그는 달에서 산과 분화구를 보고 목성 주위를 도는 큰 위성들을 발견했어요.

갈릴레오의 망원경 발명 이후로 망원경은 훨씬 더 크고 좋아졌어요. 덕분에 인간의 천체 관측 능력도 발전했죠. 천문학자들은 행성, 항성, 은하수를 비롯한 우주의 많은 것들을 연구하기 위해 망원경을 사용해요. 지금도 지구에서 우주를 관측하는 망원경들이 많아요. 심지어 우주에도 망원경이 있답니다! 나사에서 개발한 천문 관측용 우주 망원경인 '허블 우주 망원경'은 우주를 연구하기 위해 지구 궤도를 돌아요. 이 망원경은 흐릿한 대기를 통과해 우주를 관찰하는 지상의 망원경보다 훨씬 더 우주를 잘 볼 수 있어요.

과학자들은 망원경이 훌륭하게 발전할수록 더 많은 것을 꿈꿀 수 있었죠. 60년 전, 그들은 우주로 무인 우주선을 보내기 시작했어요. 우주선은 수성에서부터 명왕성에 이르는 태양계, 그리고 그 너머까지를 탐험했어요. 달, 화성, 소행성, 토성의 위성인 타이탄에도 착륙했답니다.

망원경을 사용해 우주를 들여다보고 연구할수록 과학자들은 직접 우주를 탐험하고 싶어졌어요. 그래서 로켓과 우주선을 만들어 인간을 우주로 보내는 방법을 생각해 냈죠. 그렇게 우주 비행사라는 직업이 생겨났답니다. 우주 비행사(astronaut)라는 단어는 '별들의 선원'을 의미해요.

허블 우주 망원경이 지구 궤도에 떠 있어요.
이 사진은 우주 왕복선 디스커버리호에서 찍은 거예요.

무인 우주선이 찍은 명왕성.

소유스 시뮬레이터 안에 있는 나사의 우주 비행사 스콧 켈리.

2장
발사 카운트다운!

우주 비행사는 우주 임무를 위해 무엇을 준비할까요? 우주 비행사는 로켓에 탑승하기 전에 많은 기술을 배워야 해요. 우주선에 있는 특수 장비를 사용하는 방법과 우주복을 제대로 입는 방법을 알아야만 하죠. 지구에서는 간단했던 일도 우주에서는 어려운 일이 될 수 있어요. 그래서 우주 비행사는 지구에 머무는 동안 우주에서 생활하기 위한 훈련과 준비를 해요. 우주 비행사가 우주에 가기 위해 어떤 훈련을 하고, 무엇을 가지고 가는지 알아봅시다.

우주 비행사는 어떤 훈련을 할까요?

우주 비행사가 되려면 무엇을 해야 할까요? 우주 비행사라는 직업이 생기기 전까지는 과학자나 엔지니어가 우주 비행사 역할을 했어요. 조종사나 의사였던 사람도 있어요. 우주 비행사가 되기로 선택했다면, 먼저 무엇을 배웠든 그보다 훨씬 더 많은 것을 배워야만 해요. 우주에서 생활하고 우주선을 작동하는 것은 새로운 영역이거든요.

예비 우주 비행사는 2년 동안 교실에서 교육을 받아요. 이때 우주에서의 생활, 로켓, 우주, 우주 정거장 그리고 지구에 대해 배우지요. 우주 비행사에게 도움이 되는 다양한 과학 기술도 배운답니다.

또한 국제 우주 정거장에 머무르는 우주 비행사는 영어와 러시아어를 알아야 해요. 그래야 미국과 러시아에 있는 우주 관제소와 연락할 수 있으니까요.

황야에서 생존 훈련을 하고 있는 우주 비행사들

알고 있었나요?
우주 비행사를 뜻하는 'Astronaut'는 미국의 우주 비행사를 의미하며, 'Cosmonaut'는 러시아의 우주 비행사를 의미해요.

우주 비행사 페기 윗슨이 국제 우주 정거장 EVA 우주 유영 훈련을 위해 우주복을 입고 물속에 떠 있어요.

우주 비행사는 교실에서 듣는 교육뿐만 아니라 제트기를 조종하는 법을 배우고, 물속에서 스쿠버 다이빙을 연습해요. 신입 우주 비행사는 몇 가지 보급품과 동료 우주 비행사들과 함께 황무지로 보내져요. 야생의 지구에서 살아남는 법을 배우는 훈련이죠. 만약 우주에서 돌아올 때 그들이 전혀 예상하지 못한 곳에 우주선이 착륙한다면, 그들은 그곳에서도 살아남아야 할 테니까요.

훈련 중인 우주 비행사는 우주선과 국제 우주 정거장에 있는 기계들을 사용하는 법을 배워요. 그들은 국제 우주 정거장의 실물 크기를 재현한 모형으로 연습해요. 모형 안에서 여러 장치의 위치를 파악하고 작동법을 배우면서 국제 우주 정거장에 익숙해질 수 있어요.

우주 비행사는 우주의 무중력 상태가 어떤 느낌인지 알기 위해 위로 날아올랐다가 빠르게 하강하는 비행기를 타요. 비행기가 빠르게 하강할 때 우주 비행사는 20~30초 정도 무중력 상태를 느껴요.

또한 우주 유영 훈련을 하기 위해 거대한 수영장을 이용해요. 우주복을 입고 수영장에 들어가면 우주복 덕분에 물에 뜨거나 가라앉지 않아요. 이때 우주 비행사는 우주에 떠 있는 것처럼 느낀답니다.

우주 비행사를 위한 훈련에는 가상 현실(VR)을 활용하기도 해요. 가상 현실은 우주 비행사에게 실제 같은 가상의 우주 풍경을 제공하죠. 이 훈련으로 우주 비행사는 우주에서 일어날지도 모르는 위험한 일들을 미리 대비할 수 있어요.

하지만 2년간의 훈련이 끝나도 우주 비행사는 아직 우주에 갈 수 없어요. 그들에게는 각자가 수행해야 할 임무가 따로 있거든요. 예를 들면 우주 임무를 수행하는 다른 우주 비행사와 대화하거나 우주에서 사용할 새로운 기계를 만드는 회사와 함께 일하게 될 수도 있어요. 우주 비행사는 항상 주어질 임무에 대비하여 많은 것을 배우고 있어요.

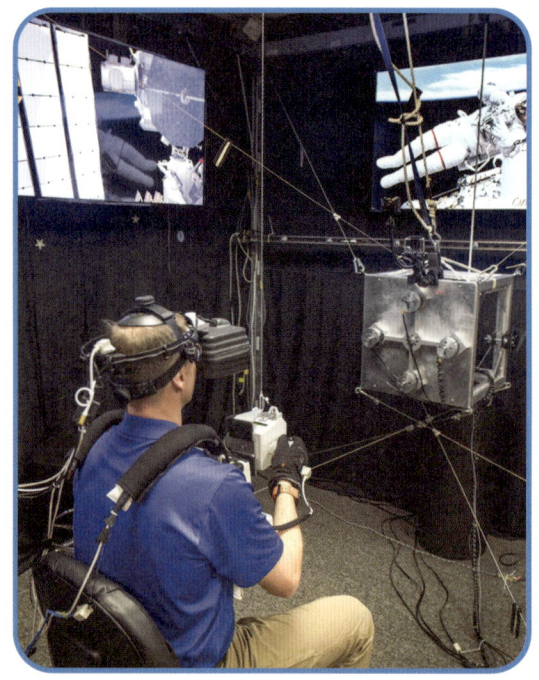

나사의 우주 비행사 닉 헤이그가 우주 유영 비상 훈련 중에 가상 현실 시뮬레이터를 사용하고 있어요.

알고 있었나요?

무중력 상태는 일부 사람들에게 멀미를 유발할 수 있어요. 그래서 무중력 훈련을 위해 쓰이는 비행기를 '구토 혜성(vomit comet)'이라고 불러요.

우주 비행사가 우주에서의 임무를 수행하러 떠난다면 남은 시간 동안 많이 공부하고 훈련해야 할 거예요! 우주 비행사는 주어진 임무, 자신을 실을 로켓, 자신이 살게 될 우주선에 대해 배워요. 우주에서 해야 할 일들에 대해서도 배울 거예요. 만약 우주에서 과학 실험을 해야 한다면, 먼저 지구에서 충분히 연습해야 하죠. 특히 우주에서 가장 위험한 임무로 꼽히는 우주 유영에 대비해 많은 훈련이 이루어져요. 우주 비행사는 거대한 수영장에 우주복을 입고 들어가 우주에서 사용할 도구들을 사용하는 연습을 해요.

우주 비행사를 교육하는 선생님은 부족한 부분을 계속해서 훈련시킬 거예요. 우주 비행사가 많은 훈련과 연습을 할수록 우주에서 더욱 안전하겠죠!

나사의 우주 비행사 빅터 글로버가 국제 우주 정거장 EVA 우주 유영 훈련을 하고 있어요. 빅터는 생명 유지 장치와 자체 추진력 등을 가진 우주선 밖 활동용 우주복을 입고 수영장으로 내려오고 있어요.

우주 비행사가 가져가야 할 물품

마침내 우주 비행사들이 우주에 갈 준비가 되면, 그들은 가지고 갈 짐을 싸야 해요. 무엇을 챙겨야 할까요? 여러분과 가족들이 먼 곳에 여행을 갈 때 어떤 것을 챙기는지 떠올려 보세요.

아마 여러분의 가족은 차가 고장 날 경우를 대비해서 필요한 물건들을 차에 보관하고 있을 거예요. 스페어타이어, 공구, 손전등 그리고 여분의 음식과 물도 필요하겠지요. 우주 비행사 역시 생존 키트를 가지고 있어요. 우주선이 예상치 못한 곳에 도착하거나 문제가 생겼을 경우에 대비해서요.

생존 키트에는 다음의 물건들이 포함될 수 있어요.

- 식품 및 물
- 응급 처치 키트
- 손전등, 특정한 표시 및 신호를 위해 사용하는 켐 라이트
- 성냥
- 낚시 도구
- 라디오
- 구명 뗏목
- 나침반 및 GPS

우주 비행사들이 131 임무를 수행하는 동안 국제 우주 정거장 내부에 있는 모습이에요.

STS-124의 승무원들이 임무가 시작되기 전 카운트다운을 위해 기밀복을 입은 모습이에요. 기밀복은 완전히 착용하는 데 최소 20분 이상 걸려요.

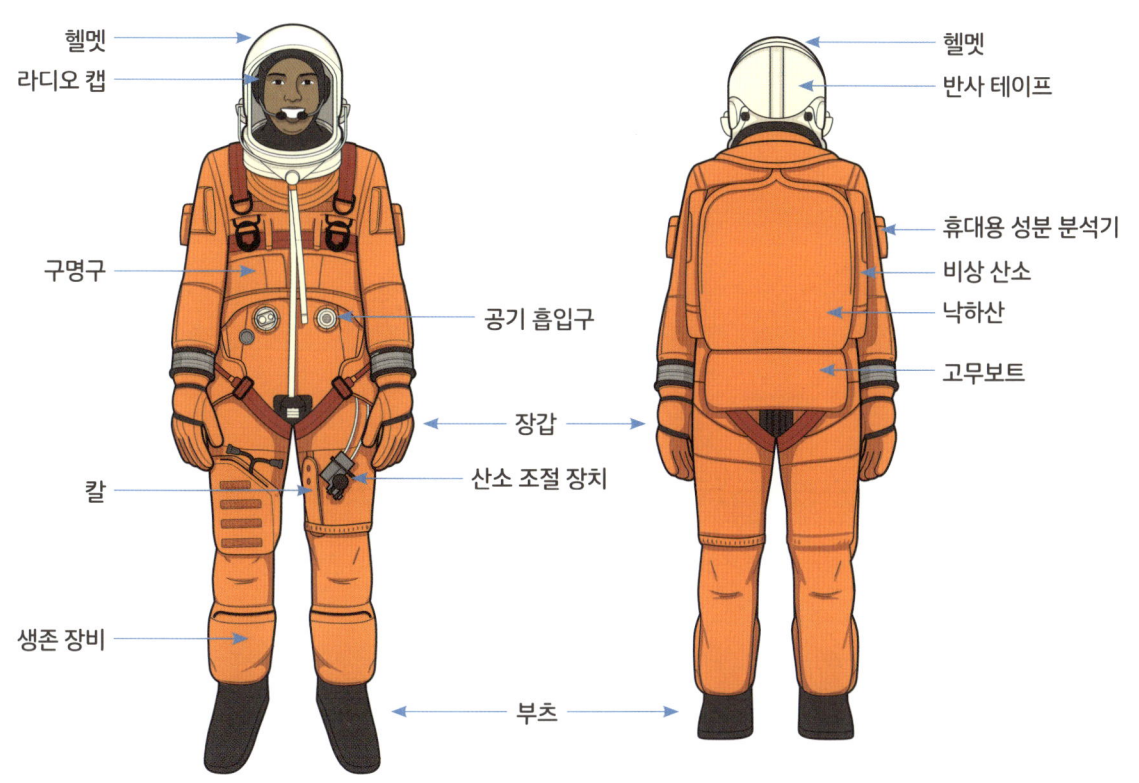

고급 승무원 탈출복(Advanced Crew Escape Suit, ACES)

다음에는 여행 동안 입을 옷을 챙겨야겠죠? 여러분이 챙긴 옷은 아마 평상시에 입는 옷이겠지만, 우주 비행사의 옷은 매우 특별해요. 우주 비행사는 발사 및 착륙을 위해 설계된 우주복을 입어요. 우주선에서 공기가 샐 경우를 대비해서 우주복에는 산소를 공급하는 장치가 있어요. 또한 마이크와 스피커가 있어서 지상의 사람들과 무선으로 연락할 수도 있죠. 우주 비행사들은 지금까지 다양한 발사 우주복을 입었어요.

물론 우주 비행사도 우주에서 입을 평상복이 필요해요. 하지만 옷을 많이 챙길 수 없어서 며칠 동안 같은 옷을 입는 경우가 많아요. 다행히 국제 우주 정거장은 항상 쾌적한 온도로 유지되기 때문에, 춥거나 더운 온도에 대비해 많은 옷을 준비하지 않아도 된답니다. 하지만 우주 비행사가 우주 정거장 밖으로 나가야 하는 경우에는 이야기가 달라지겠죠?

발사 카운트다운! 33

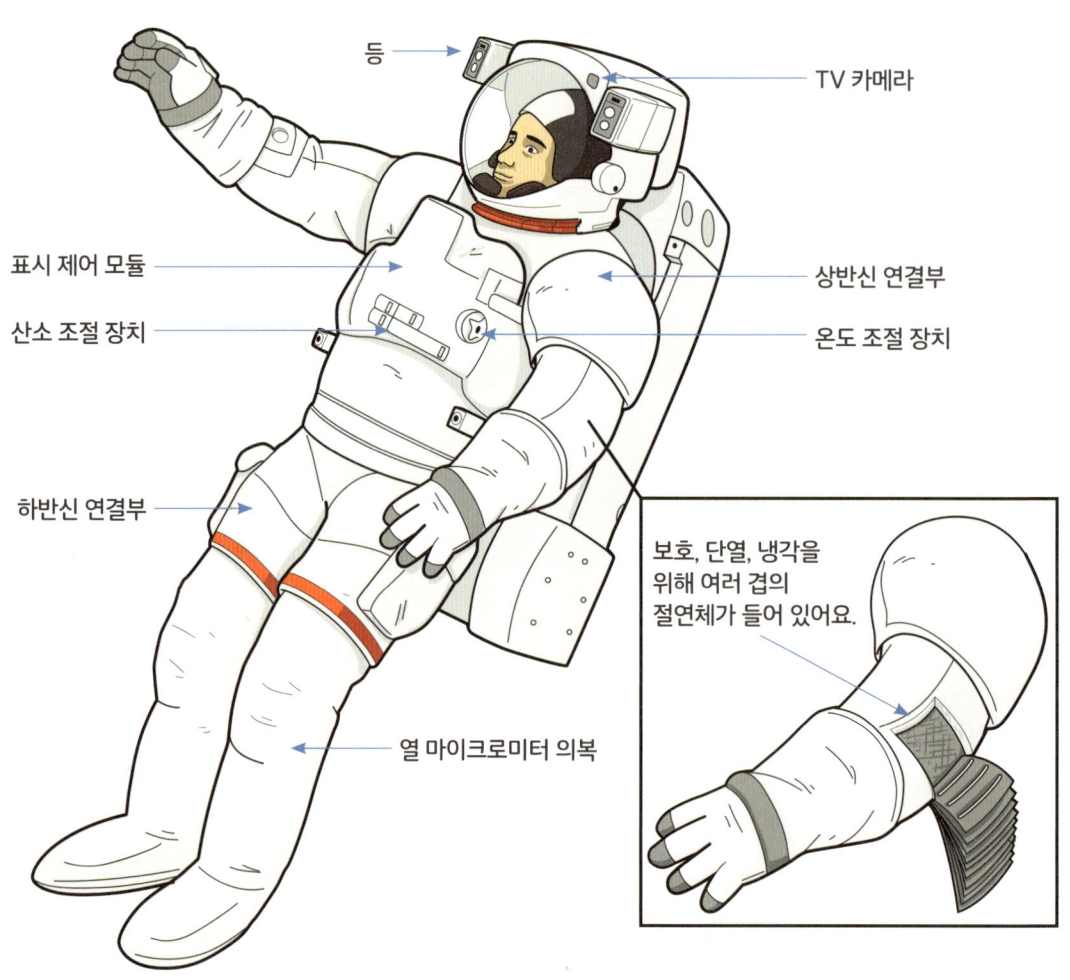

우주선 밖 활동용 우주복(Extravehicular Mobility Unit, EMU)

우주 비행사가 우주선 밖으로 나가는 것을 **우주 유영** 또는 **선외 활동**(extravehicular activity, EVA)이라고 해요. 이때 우주 비행사는 특별한 EVA 우주복을 입어요. 이것은 발사나 착륙할 때 입는 복장과는 달라요. EVA 우주복은 오랜 시간 동안 공기와 온도 제어 그리고 무선 연락을 가능하게 해요.

EVA 우주복에는 열선 내장 장갑, 특수 헬멧, 생명 유지 장치를 가동하는 백팩 모양의 장비가 있어요. 그리고 통신 장비도 포함되어 있죠. 우주 비행사는 우주복 안에 냉각 통풍복을 입어요. 이것은 얇은 튜브로 짠 옷이에요. 튜브를 통해 냉각수가 흐르며 체온을 조절하죠.

친구들과 여행을 갔을 때 여러분은 음식과 다른 생활용품들을 친구들과 공유할 수 있어요. 우주 비행사도 우주에서 동료들과 공유할 보급품을 가져와요. 이러한 물품에는 음식과 물, 우주 정거장을 수리할 교체 부품 그리고 컴퓨터가 있답니다. 국제 우주 정거장에 체류하는 우주 비행사들은 물, 연료, 산소 등의 보급품이 필요해요. 이를 위해 몇 주 또

국제 우주 정거장에서 우주 비행사들이 핼러윈 복장을 하고 즐거운 시간을 보내고 있어요. 왼쪽 위에서부터 시계 방향으로 크리스티나 코흐, 루카 파르미타노, 앤드류 모건, 제시카 메이어예요.

발사 카운트다운! 35

사진 속의 시그너스 우주선과 같이 다양한 무인 우주선이 국제 우주 정거장에 추가 보급품을 가져와요.

는 몇 달에 한 번씩 무인 우주선이 추가 보급품을 가져와요.

여러분은 여행을 떠나기 전, 아마 좋아하는 물건이나 가지고 놀 것들을 챙길 거예요. 게임기나 인형 또는 책을 가져갈 수도 있겠네요! 우주 비행사도 좋아하는 물건들을 우주로 가져갈 수 있어요. 단, 무게가 1kg을 넘지 않을 만큼만 짐을 꾸려야 해요. 보통 자녀들이 그린 그림, 작은 장난감, 국제 우주 정거장에 가져가도 안전한 물건들 몇 가지를 가져가요. 또한 우주 정거장에서 동료들과 좋은 시간을 보내기 위해 책, 영화, 음악, 악기 등을 챙겨 와요.

우주 비행사가 우주에 가져갈 수 없는 것들도 있어요. 인화성이 있거나 쉽게 불타는 물건은 위험할 수 있기 때문에 허용되지 않아요. 우주 비행사는 빵이나 과자 같은 것도 가져갈 수 없어요. 부스러기가 공기 통풍구나 기계에 끼일 수 있거든요. 냄새가 강한 것도 허용되지 않아요.

어린이 과학자 활동을 해 봐요

우주로 가져갈 가방을 꾸려 봐요!

품목
- 연필과 종이
- 소형 배낭 또는 가방
- 자

활동
여러분은 우주로 무엇을 가지고 갈 건가요? 카메라? 그림 그릴 도구? 책? 악기? 또 뭐가 있죠? 이러한 물건들은 살아남기 위해 필요한 것이 아니라 여러분을 행복하게 해 주는 것들이죠. 여러분이 가져가기로 결정한 물건들의 목록을 작성하세요. 최대한 구체적으로 작성해야 해요. 날짜도 적으세요. 이렇게 하면 미래에 이 목록을 다시 보면서, 여러분이 그것을 작성했을 때가 몇 살이었는지 알 수 있을 거예요. 꾸준히 기록하면 나이가 들어갈 때마다 선택한 품목들이 어떻게 달라지는지 알 수 있어요.

재미있는 활동을 해 볼까요? 우주 비행사는 우주에 크거나 무거운 물건들을 가지고 갈 수 없어요. 여러분도 집에서 작은 크기의 가방을 찾고 그 안에 들어갈 수 있는 물건들을 고르세요. 그리고 고른 물건들의 무게를 재 보세요. 무게가 1kg 이하인가요? 만약 무게가 넘었다면, 몇 개의 물건을 빼고 다시 무게를 재세요. 소지품이 최대 1kg을 넘지 않을 때까지 이 과정을 반복하세요. 여러분은 짐을 꾸리는 것이 수월했나요? 아니면 어려웠나요?

2014년, 소유스 로켓이
국제 우주 정거장으로 향하고 있는 모습.

3장
이륙 준비!

우주 비행사가 훈련을 완료하고, 모든 장비들이 꾸려지면 드디어 우주로 갈 준비가 된 거예요. 우주선을 우주로 발사하는 것은 흥미롭지만 쉬운 일은 아니에요. 우주선이 우주로 나아가 궤도에 진입하기 위해서는 비행기보다 훨씬 더 빨리 가야 해요. 로켓이 이것을 가능하게 하죠. 로켓이란 무엇이고 어떻게 작동하는지, 그리고 로켓이 궤도로 올리는 우주선에는 얼마나 다양한 종류가 있는지도 알아봐요. 자, 이륙을 준비해요!

로켓에 대한 모든 것

우주선은 혼자 힘으로 우주로 날아갈 수 없어요. 지구 대기권 밖으로 나가려면 로켓이 필요해요. 로켓은 보통 길고 얇지만, 커다랗고 둥글둥글하기도 해요. **로켓 기술자**들은 무인 우주선과 유인 우주선을 발사하기 위해 다른 종류의 로켓을 사용해요.

로켓은 어떻게 작동할까요? 풍선을 팽팽하게 분 다음, 묶지 않고 그대로 놓아 버리면 어떻게 될까요? 공기가 빠르게 밖으로 나와 풍선을 앞으로 밀어요. 이것이 로켓의 작동 방식이에요. 로켓 엔진은 많은 연료를 매우 빠르게 연소시켜요. **연료**가 연소되어 뜨거운 가스로 변하면 로켓의 엔진 뒤쪽에서 구멍을 통해 뿜어져 나와요. 그러면 로켓과 로켓에 연결된 우주선이 함께 앞으로 밀려 나가요.

왜 비행기를 타고 우주에 갈 수 없을까요? 그 이유는 우주에는 공기가 없기 때문이에요. 비행기의 날개가 비행기를 위로 지탱하려면 공기가 필요해요. 비행기의 엔진도 연료를 연소시키려면 공기가 필요하죠.

우주선은 자신을 우주로 데려가는 로켓의 꼭대기에 연결돼요. 우주 왕복선은 우주선과 조금 달라요. 우주 왕복선은 궤도선, 고체 연료 로켓, 외부 연료 탱크 세 부분으로 이루어

마지막 우주 왕복선 발사(2011년)

소유스 로켓이 발사된 모습

져 있고 우주 비행사를 태울 수 있어요. 우주 왕복선의 궤도선은 짧은 날개가 달린 비행기처럼 생긴 우주선으로 실제 우주 비행사가 거주하고 실험하는 곳이에요. 궤도선 뒤에는 거대한 외부 연료 탱크가 연결돼요. 궤도선은 로켓의 힘으로 우주로 발사되고, 우주에서 대기권 안으로 돌아올 때는 활공해서 착륙해요.

발사대에서 보는 우주선은 일부분에 불과해요. 로켓이 가장 큰 부분이며, 로켓 내부의 공간은 엔진이 연소할 수 있는 연료로 가득 차 있어요. 로켓 엔진은 매우 강력해요. 약 8~9분 안에 우주선을 우주로 보낼 수 있답니다.

로켓은 두 개 이상의 단을 쌓아 만들어요. 각 단은 자체 연료 탱크와 엔진으로 구성돼요. 이렇게 다단계로 설계된 로켓의 핵심은 연료를 모두 사용한 엔진을 분리하는 거예요. 여러분이 무거운 썰매를 몸에 매달고 달린다고 생각해 보세요. 썰매를 분리하면 더 빨리 갈 수 있을 거예요. 우주로 가는 로켓도 마찬가지죠. 연료를 전부 소진하면, 엔진은 더 이상 쓸모가 없기 때문에 로켓에서 분리돼요. 이렇게 하면 연료의 양을 줄여 더 효율적으로 가속할 수 있죠. 분리된 부품들은 떨

이륙 준비! 41

어지는 동안 파괴되지만, 어떤 부품들은 다시 사용할 수도 있어요.

로켓은 다양한 종류의 무인 우주선을 발사시켜요. 이러한 우주선들은 지구 궤도를 돌도록 설계되었어요. 이것을 **인공위성**이라고 해요. 지금도 수천 개의 인공위성이 지구 주위에서 궤도를 따라 돌고 있어요. 인공위성은 날씨, 통신, 방송 등 다양한 용도로 사용돼요.

로켓은 태양계를 연구하기 위한 우주선도 발사시켜요. 일부 우주선은 다른 행성을 지나며 포착한 것을 이미지나 영상으로 기록해요. 몇 달 또는 몇 년 동안 행성이나 위성 주위를 도는 우주선도 있답니다. 대기 탐사선은 다른 행성의 대기를 탐사하고, 무인 우주선 착륙선은 행성 표면에 있는 것들을 조사하죠. 달 탐사용 무인 이동 로봇인 로버(rover)의 경우 실제로 다른 행성이나 위성에서 운전을 해요. 또는 사람이 직접 실시간으로 원격 조종하기도 해요.

> ### 알고 있었나요?
> 아폴로 12호를 실은 새턴 V 로켓은 발사 직후 1분 만에 두 차례 번개에 맞았어요. 그러나 다행히 우주선은 피해를 입지 않았고 성공적으로 달에 도달했어요.

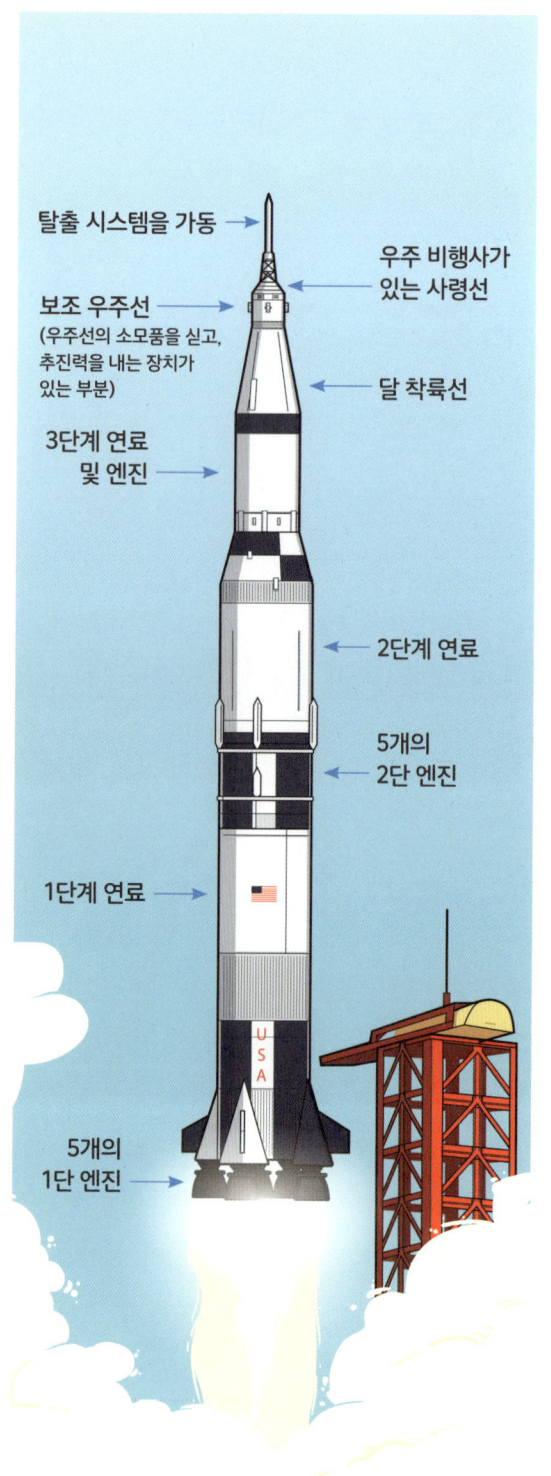

새턴 V 로켓의 아폴로 11호 발사

유인 우주선

우주 비행사가 탄 **유인 우주선**은 무인 우주선보다 훨씬 더 크고 무거워요. 유인 우주선은 비행사가 생존하기 위해 필요한 물품, 우주 정거장 유지 보수 장비, 실험 재료 등의 각종 보급품을 운반해야 하거든요. 그래서 유인 우주선을 발사하려면 상당히 큰 로켓을 사용해야 해요.

유인 우주선은 우주 비행사가 안전하게 지구로 돌아올 수 있도록 설계돼요. 궤도에 있던 우주선이 지구 대기권으로 진입하면 공기가 맹렬하게 달려들어요. 공기의 **마찰**은 우주선 표면을 매우 뜨겁게 만들죠. 그래서 우주선은 우주선에 탑승한 우주 비행사를 열로부터 보호하는 **방열판**을 가지고 있어야 해요. 무인 우주선은 대부분 방열판이 없어요. 무인 우주선은 임무 종료 시 스스로 천체에 충돌해 소멸하거나, 대기권에 진입하면 산산조각이 나서 타 버리도록 설계돼요.

무인 우주선의 종류는 다양해요. 반면 유

왼쪽부터 우주 비행사 파올로 네스폴리, 세르게이 랴잔스키, 랜디 브레스닉이 소유스 우주선 안에서 지구로 돌아올 준비를 하고 있어요. 그들은 발사와 진입을 위해 소콜 우주복을 입고 있어요.

이륙 준비! 43

인 우주선은 몇 가지 유형만 있어요. 러시아는 오직 한 사람만 탈 수 있는 작은 우주선에 유리 가가린을 태워 우주로 보냈어요. 이 우주선이 인류 역사상 최초의 유인 우주선, 보스토크 1호예요. 미국도 최초의 유인 우주선인 머큐리 우주선을 우주로 보냈어요. 시간이 지나고, 미국은 두 사람이 탈 수 있는 제미니 우주선을 발사했어요. 그리고 러시아는 세 사람이 탈 수 있는 보스호트 우주선을 만들었죠.

미국은 아폴로 우주선으로 달에 세 명의 우주 비행사를 보냈어요. 아폴로 우주선은 사령선, 기계선, 인류 최초의 유인 달 착륙선으로 구성되었어요. 사령선은 우주 비행사를 태우고 달에 갔다가 다시 지구로 돌아오는 우주선이었죠. 달 착륙선으로 두 명의 우주 비행사를 달 표면으로 데려갔어요. 두 우주 비행사가 달에 있는 동안, 나머지 한 명은 사령선을 지키고 있었어요. 세 명의 우주 비행사는 임무를 완료한 후, 사령선을 타고 지구

머큐리 우주선에 탑승한 우주 비행사 존 글렌. 1962년, 글렌은 이 우주선을 타고 미국인 최초로 우주 궤도 비행에 성공했어요. 머큐리 우주선은 한 사람만 탈 수 있는 크기였어요.

자세히 보기

비행기의 엔진을 끄면 점차 비행기 속도가 느려지면서 멈춰요. 만약 우주에서 우주선의 로켓 엔진을 끄면 어떻게 될까요? 놀랍게도 우주선은 멈추지 않아요! 공기가 없기 때문에 우주선의 속도가 느려지지 않거든요. 그래서 우주에 간 우주선은 로켓 엔진을 끈 채 관성으로 움직여요. 우주 비행사는 궤도의 모양을 바꾸기 위해 짧은 시간 동안만 엔진을 켠답니다.

달 표면에 있는 아폴로 11호의 달 착륙선.
우주 비행사 버즈 올드린이 착륙선 앞에 있어요.

소유스 우주선이 도킹 지점에 접근하고 있어요.

우주 왕복선이 우주에서의 임무를 마치고 착륙하고 있어요.

로 무사히 귀환했어요. 아폴로 11호는 인류 최초로 달에 착륙한 유인 우주선이에요.

1960년대 러시아는 소유스 우주선을 만들었어요. 오늘날에도 소유스호는 국제 우주 정거장으로 사람들을 보내고 데려오는 데 사용돼요. 이 우주선은 세 명의 우주 비행사를 태울 수 있어요.

미국은 1981년부터 2011년까지 우주 왕복선을 발사했어요. 왕복선은 7명의 우주 비행사를 태울 수 있었죠. 우주 왕복선은 인공위성을 궤도에 올려놓고, 우주 비행사와 장비를 국제 우주 정거장으로 보내는 데 사용됐어요.

중국도 세 명의 우주 비행사를 태울 수 있는 유인 우주선을 만들었어요. 이것은 선저우 우주선이라고 하며, 크기는 소유스호보다 약간 더 커요.

지금도 새로운 우주선들이 설계되고 있어요. 인류의 우주여행은 앞으로 더욱 흥미진진할 거예요.

알고 있었나요?

아폴로 11호의 임무 중 하나는 달에 있는 돌과 흙(약 382kg)을 채취해 지구로 가지고 오는 것이었어요. 무려 성인 남성 5명에 해당하는 무게예요!

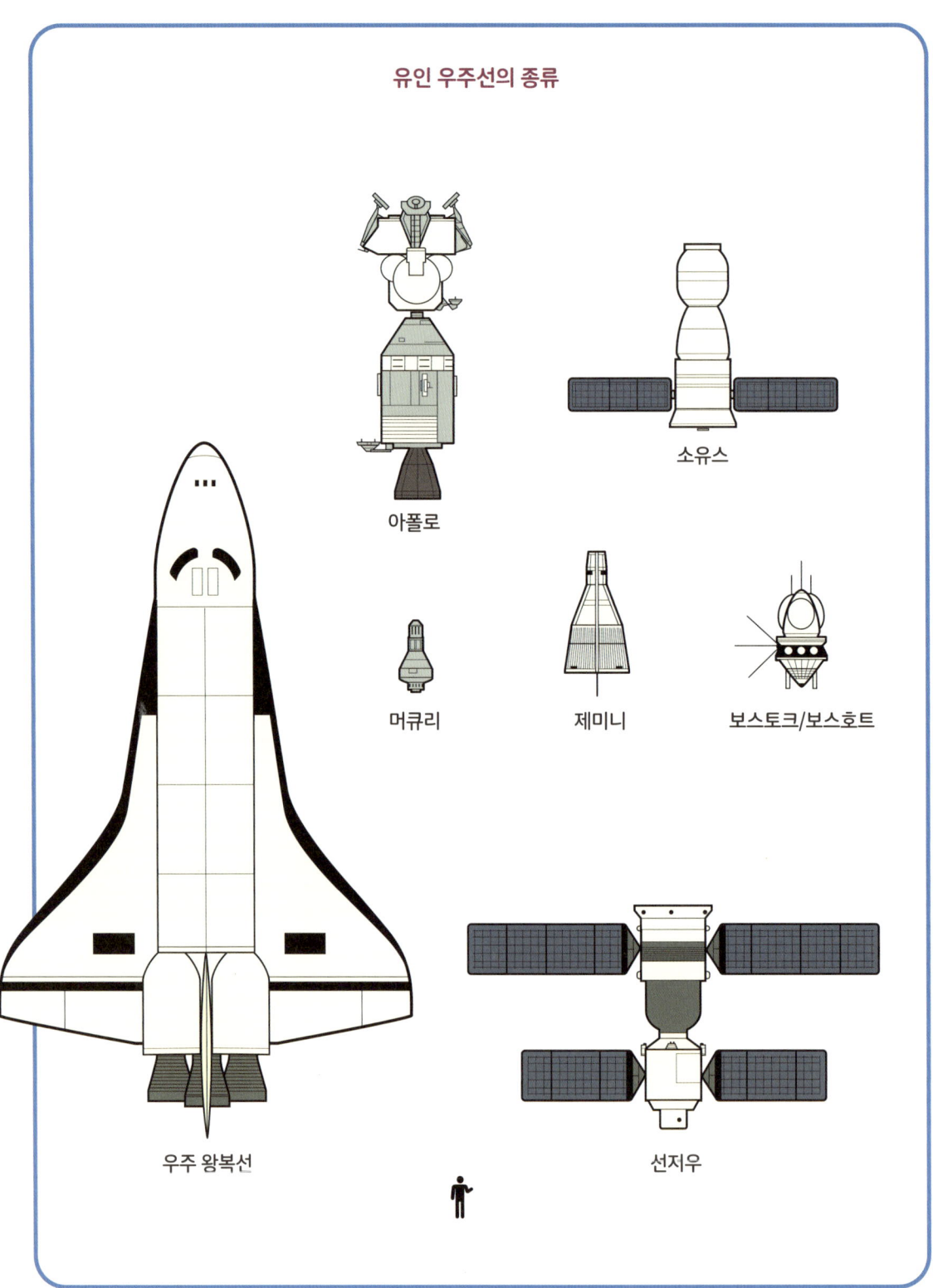

우주 유영(선외 활동)

우주 비행사는 우주선이나 국제 우주 정거장 밖에서도 해야 할 임무가 있어요. 그들은 임무를 수행하기 위해서 우주 유영을 해야 해요. 이것은 선외 활동(EVA)이라고도 해요. 앞에서 배운 것이 기억나나요? 우주 비행사는 인공위성 작업을 하거나 새로운 장비를 시험하거나, 우주선 밖에서 고장이 난 것들을 고치기 위해 우주 유영을 해요. 국제 우주 정거장의 일부 공간은 우주 비행사들이 우주 유영을 하면서 만든 거예요!

 우주 유영은 위험한 임무라서 우주 비행사는 우주로 가기 전에 우주 유영을 모의 훈련으로 수없이 연습해요. 또한 우주선 내에 있는 다른 우주 비행사와 계속 연락을 취해요. 우주 비행사는 국제 우주 정거장에 연결되어 우주 유영을 수행해요.

우주 비행사 스티븐 로빈슨이 국제 우주 정거장의 로봇 팔에 연결되어 우주 유영을 하고 있어요.

어린이 과학자 활동을 해 봐요

나만의 로켓을 만들어요!

재료
- 종이
- 연필
- 크레용 또는 색연필
- 자(선택 사항)

활동
여러분이 로켓 기술자라면 우주선을 우주로 보내는 로켓을 어떻게 설계할 건가요? 이 책에 있는 로켓 사진들을 보면 아이디어가 떠오를 수도 있어요. 여러분은 1단 로켓과 2단 로켓 또는 3단 로켓 중 어떤 것을 원하나요?

아래 질문들을 읽고 답하세요. 여러분만의 로켓을 디자인하는 데 도움이 될 거예요.

- 여러분의 로켓은 길고 날렵한가요, 아니면 우주 왕복선처럼 다른 모양인가요?
- 실제로 사람을 태울 우주선을 설계하세요. 그것은 어떻게 생겼나요?
- 로켓의 어느 부분에 우주선을 놓을 건가요?
- 연료 탱크는 어디에 놓을 건가요?
- 로켓의 엔진은 총 몇 개인가요?
- 로켓의 색상은 무슨 색인가요? 글귀나 상징 표시를 넣을 건가요?
- 로켓의 이름은 무엇인가요?

관찰 체험

모든 질문에 답을 했다면, 이제 종이에 여러분이 구상한 로켓을 그려 보세요. 원한다면 자를 사용해서 직선을 그려도 돼요. 최종 디자인에는 색을 칠하세요. 그런 다음 로켓의 이름과 날짜를 적고, 서명하세요. 정말 잘했어요!

만약 여러분이 모형 로켓을 만들고 싶다면, 종이 타월과 휴지 심으로 훌륭한 모형 로켓을 만들 수 있어요! 페인트나 양면 색상지를 사용하여 모형 로켓을 꾸며 보세요!

국제 우주 정거장에서 크리스티나 코흐가
EVA 우주복을 입고 우주로 나갈 준비를 마친
앤드류 모건, 닉 헤이그와 포즈를 취하고 있어요.

4장
우주에서의 생활

그렇다면 우주에서 실제로 산다면 어떨까요? 지금까지 우리는 우주가 지구와 어떻게 다른지 배웠어요. 우주에서의 생활 역시 지구에서의 생활과 비슷해요. 우선, 집이 필요하겠죠. 우주에서의 집은 우주선이 될 수도 있고, 우주 정거장이 될 수도 있어요. 우리는 자고, 먹고, 씻고, 공부하고, 놀면서 일상을 보내요. 하지만 우주에서는 일상생활이 지구와 같은 방식으로 이루어지지 않아요. 자, 이제 우주에서의 생활을 더 자세히 알아봅시다!

우주 비행사의 집

과거에 우주 비행사는 우주선에서 생활했어요. 우주선은 작고 비좁아서 오래 생활하면서 임무를 수행하기 힘들었죠. 현재 우주 비행사는 하나의 우주선을 타고 우주로 이동한 다음, 국제 우주 정거장에 거주해요.

국제 우주 정거장은 역사상 가장 큰 우주 정거장이며 현재까지 계속 지구의 궤도를 돌고 있어요. 국제 우주 정거장은 1998년 미국과 러시아, 캐나다, 유럽, 일본 등 16개국이 공동으로 건설했어요. 워낙 거대한 규모의 작업이다 보니 다양한 국가가 힘을 모아야 했죠.

국제 우주 정거장 안에는 우주 비행사를 위한 생활 공간이 마련되어 있어요. 침실, 주방, 목욕 시설, 운동 시설 등이 있죠. 우주 밖을 바라볼 수 있는 창문도 있고, 우주 비행사들이 과학 실험을 할 수 있는 작업 공간도 있답니다.

우주 비행사가 국제 우주 정거장에 도착하

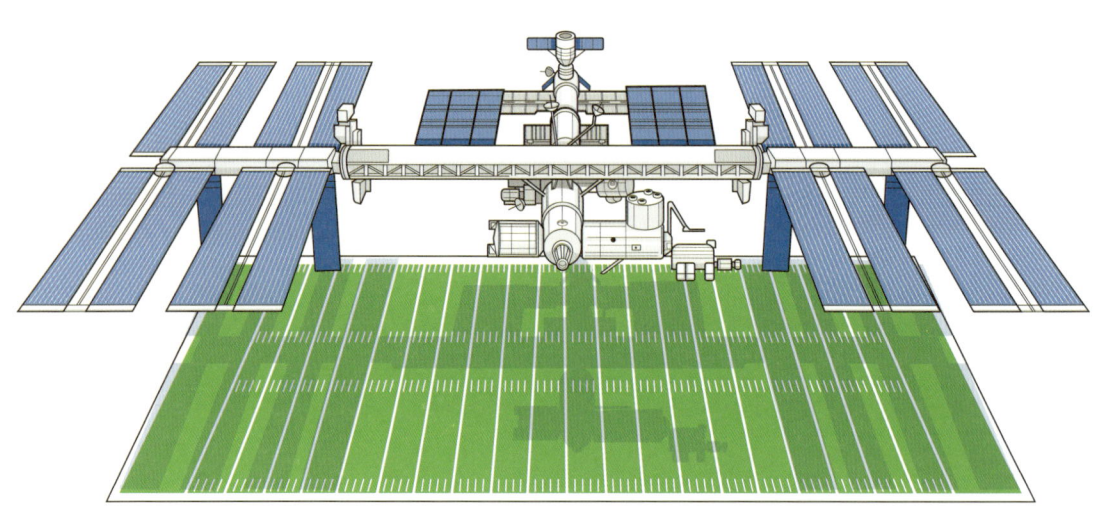

국제 우주 정거장은 축구장만 한 크기예요.

면 평균적으로 6개월 동안 이곳에 머물러요. 두 명에서 다섯 명 정도의 인원이 공간을 공유해요. 2000년 이후 국제 우주 정거장에는 19개국에서 온 240명의 방문객이 다녀갔답니다!

멀리서 국제 우주 정거장을 보면 마치 네 쌍의 납작한 '날개'를 펼친 것처럼 보여요. 이 날개는 태양의 빛을 전기 에너지로 바꾸는 태양 전지판이에요. 전기 에너지는 조명, 컴퓨터, 기계 그리고 다른 전자 제품에 전원을 공급하는 데 사용돼요. 지구에서 사용하는 태양 전지판도 같은 작용을 해요.

여러분의 집에는 차를 세워 놓는 차고나 주차장이 있을 거예요. 우주 정거장에는 **도킹 포트**가 있어요. 도킹 포트는 우주 비행사의 우주선이 우주 정거장에 연결되어 안으로 들어갈 수 있도록 해 주는 곳이죠. 국제 우주 정거장에는 6개의 도킹 포트가 있어요. 이는 여섯 대의 우주선이 동시에 연결될 수 있다는 것을 의미해요.

알고 있었나요?

여러분은 가끔씩 밤하늘을 올려다보나요? 어쩌면 이때 국제 우주 정거장을 발견할 수도 있어요! 우주 정거장은 밤하늘을 가로질러 움직이는 매우 밝은 별처럼 보여요. 햇빛이 우주 정거장의 태양 전지판과 정거장의 나머지 부분에서 반사되기 때문이죠. 언제 어느 방향에서 찾아야 하는지 자세히 알고 싶다면, 81쪽의 '더 알아보기'를 확인하세요!

우주 비행사가 하는 일

우주에 있는 동안 우주 비행사는 무슨 일을 할까요? 우주 비행사는 주어진 임무를 수행하고, 과학 실험을 하는 데 많은 시간을 보내요.

어떤 우주 비행사들은 우주가 인체에 어떤 영향을 끼치는지 연구해요. 스스로에게 의학 실험을 하죠. 이러한 실험으로 우주에서 사람의 몸이 변화한다는 사실을 밝혀냈어요. 예를 들어, 우주 비행이 사람의 뼈와 근육을 더 약하게 만든다는 것과 우주에서 하는 운동이 뼈와 근육을 건강하게 유지하는 데 도움을 준다는 것을 증명했죠. 그래서 운동은 우주 비행사들에게 매우 중요해요.

또한 우주 비행사는 상추, 개미, 물고기, 미생물 등 동식물을 이용해 생물학과 생명공학에 관한 실험을 진행하죠. 이러한 실험으로 왜 사람과 물체가 우주에서 무중력 상태 또는 중력이 거의 없는(극미 중력) 상태로 보이는지 이유를 밝혀냈으며, 우주에서도 생명체가 잘 살 수 있다는 사실을 알아냈어요.

국제 우주 정거장에서 레로이 차오가 살리잔 샤리포프의 눈에 초음파 검사를 하고 있어요.

알고 있었나요?

우주 비행사는 우주에서 키가 더 커져요! 등에 있는 뼈들 사이의 '연골'이 중력을 받지 않아 늘어나기 때문이에요.

제시카 메이어가 국제 우주 정거장에서 키운 미즈나(겨자) 잎을 자르고 있어요. 이것은 장기 임무를 수행하는 우주 대원들에게 신선한 음식을 공급하는 방법에 대한 연구의 일환이에요.

우주 비행사는 다른 물질들도 연구해요. 예를 들어 극미 중력에서는 완벽한 결정 구조를 얻을 수 있다는 것을 알아냈어요. 그리고 우주에서 불꽃은 어떤 모양인지 살펴보았죠. 놀랍게도 불꽃은 둥근 공 모양이 돼요!

우리가 살고 있는 집처럼 국제 우주 정거장도 지속적인 관리가 필요해요. 국제 우주 정거장에 거주하는 우주 대원들은 우주 정거장을 청소하고, 장비를 점검하고, 부서진 것을 고치거나 교체해요. 가끔 국제 우주 정거장 밖에서 고쳐야 할 때가 있어요. 그때 우주 유영을 하는 거예요!

우주 비행사는 임무 수행의 일부로 지구의 사진을 찍기도 해요. 이렇게 찍은 사진이 지구를 연구하는 데 사용되죠. 물론 그냥 재미로 찍는 사진들도 있어요!

우주 왕복선의 임무는 우주에 인공위성을 배치하는 거예요. 때때로 궤도에 있는 인공위성을 수리하거나 지구로 가져오기도 한답니다. 우주 왕복선 디스커버리호는 1990년

우주에서의 생활 **57**

에 허블 우주 망원경을 우주로 가져갔어요. 지금도 허블 망원경은 지구 궤도를 계속 돌고 있답니다!

모든 우주 비행사는 지상에 있는 사람들과 소통해야 해요. 우주 비행사가 무엇을 하고, 어떤 상태인지 알아야 지구에서 그들을 지원하고 지휘할 수 있으니까요.

우주 비행사 마크 C. 리와 스티븐 L. 스미스가 허블 우주 망원경을 점검하기 위해 우주 유영을 수행하고 있어요.

노구치 소이치가 국제 우주 정거장의 전망 공간인 큐폴라(cupola)에서 카메라를 사용하고 있어요.

우주 비행사의 일상생활

국제 우주 정거장에서 식사를 하고 있는 페기 윗슨과 발레리 코준. 토마토와 햄버거가 떠다니고 있어요!

우주에서는 먹고, 자고, 씻고, 운동하는 일상을 어떻게 보낼까요? 지구에서는 이렇게 활동하는 것이 매우 간단한 일이지만, 우주 비행사는 우주 공간에 떠 있는 상태로 이러한 활동을 해야 해요.

먼저, 음식을 먹는 방법을 알아봐요. 초기 우주 비행사는 튜브에 담긴 음식을 짜서 먹었어요. 음식은 마치 이유식처럼 찐득했죠. 영양가는 있었을지언정 맛이 별로 없었어요. 현대의 우주 비행사가 먹는 음식은 지상에 있는 음식과 비슷해요. 국제 우주 정거장에는 장기간 보관이 가능한 포장 식품들이 가득해요. 대부분 이미 조리되어 있어서 그냥 먹거나 작은 오븐에 데우기만 하면 먹을 수 있어요. 일부는 동결 건조된 음식이에요. 수분이 있는 것을 빠르게 얼린 뒤 얼음을 수증기로 바꿔 건조시킨 것이죠. 우주 비행사는 동결 건조된 음식에 물을 넣고 열을 가한 다음 먹어요. 크리스마스 같은 명절에는 지구에서 멸균 처리한 음식을 우주로 보내요. 덕분에 우주 비행사는 신선한 과일을 먹을 수 있답니다!

잠은 어떨까요? 우주 정거장에는 침대가 없어요. 대신, 우주 비행사는 벽에 부착된 침낭 안에서 잠을 자요. 잠을 자는 동안 선실 주변을 떠다니면 안 되니까요. 우주 비행사는 작은 벽장 크기만 한 개인 공간이 있어요. 이곳에서 잠을 자고, 컴퓨터로 영화를 보고, 책을 읽을 수 있죠. 지구에 있는 사람들에게 이메일을 보내거나 가족들에게 전화를 할 수도 있어요. 우주 비행사는 우주에서 보고, 듣고, 느낀 것을 SNS에 공유하기도 해요.

우주 비행사가 우주에 가기 시작했을 때만 해도 화장실이 없었어요. 그래서 가방을 화장실 대신 사용했어요! 현재 국제 우주 정거

> **알고 있었나요?**
>
> 국제 우주 정거장에서는 일반 가정용 냉장고나 전자레인지를 사용할 수 없어요. 그냥 데우는 용도로 사용하는 작은 오븐만 있답니다.

장에는 두 개의 화장실이 있어요. 정말 다행이죠? 우주 비행사는 화장실을 쓸 때 변기 좌석에 몸을 묶어요. 국제 우주 정거장의 화장실 변기는 볼일을 다 보면 용변을 흡입하는 기능이 있답니다.

씻는 건 어떨까요? 우주 비행사는 목욕을 하는 대신 젖은 수건을 사용하여 몸을 깨끗이 닦아요. 머리를 감을 때는 아주 약간의 물과 헹굴 필요가 없는 특수 샴푸를 사용해요. 이때 물방울이 공기 중으로 새어 나가지 않도록 주의해야 해요. 우주 정거장에 있는 전자 제품이나 기계에 물이 들어가면 손상될 위험이 있거든요.

알고 있었나요?
우주 비행사는 국제 우주 정거장을 오갈 때나 우주 유영을 하는 몇 시간 동안 성인용 기저귀를 차요. 정말이에요!

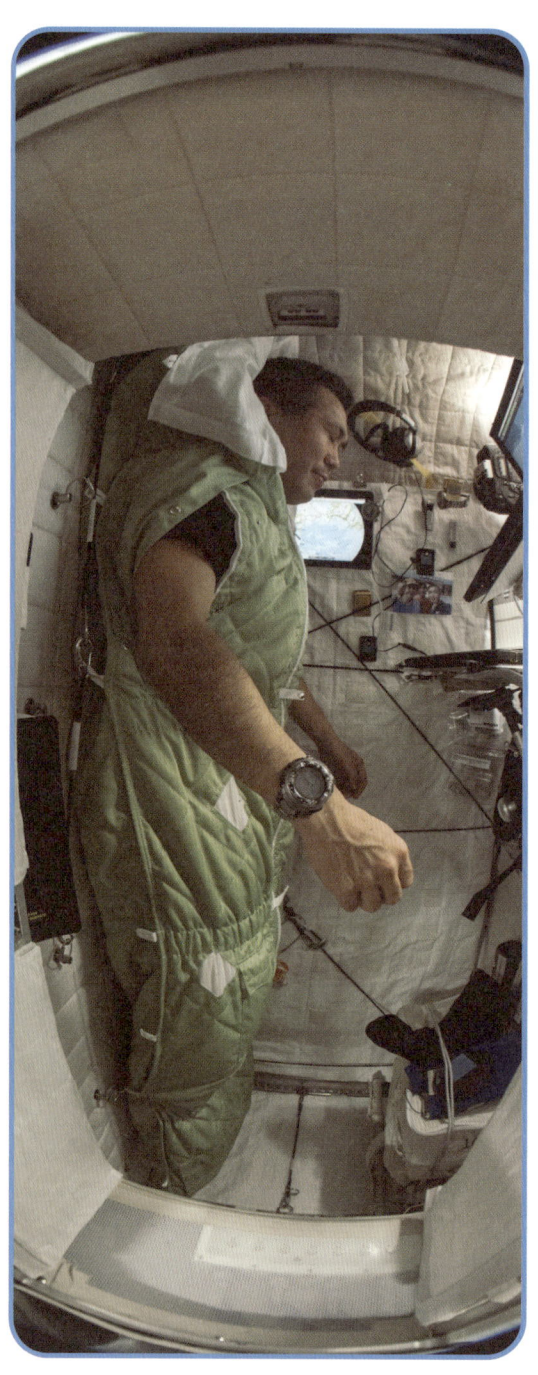

우주 비행사 와카타 코이치가 침낭에 묶여 잠을 자고 있어요. 이 공간에서 우주 비행사는 잠을 자거나 영화를 보고, 노트북을 사용할 수 있어요.

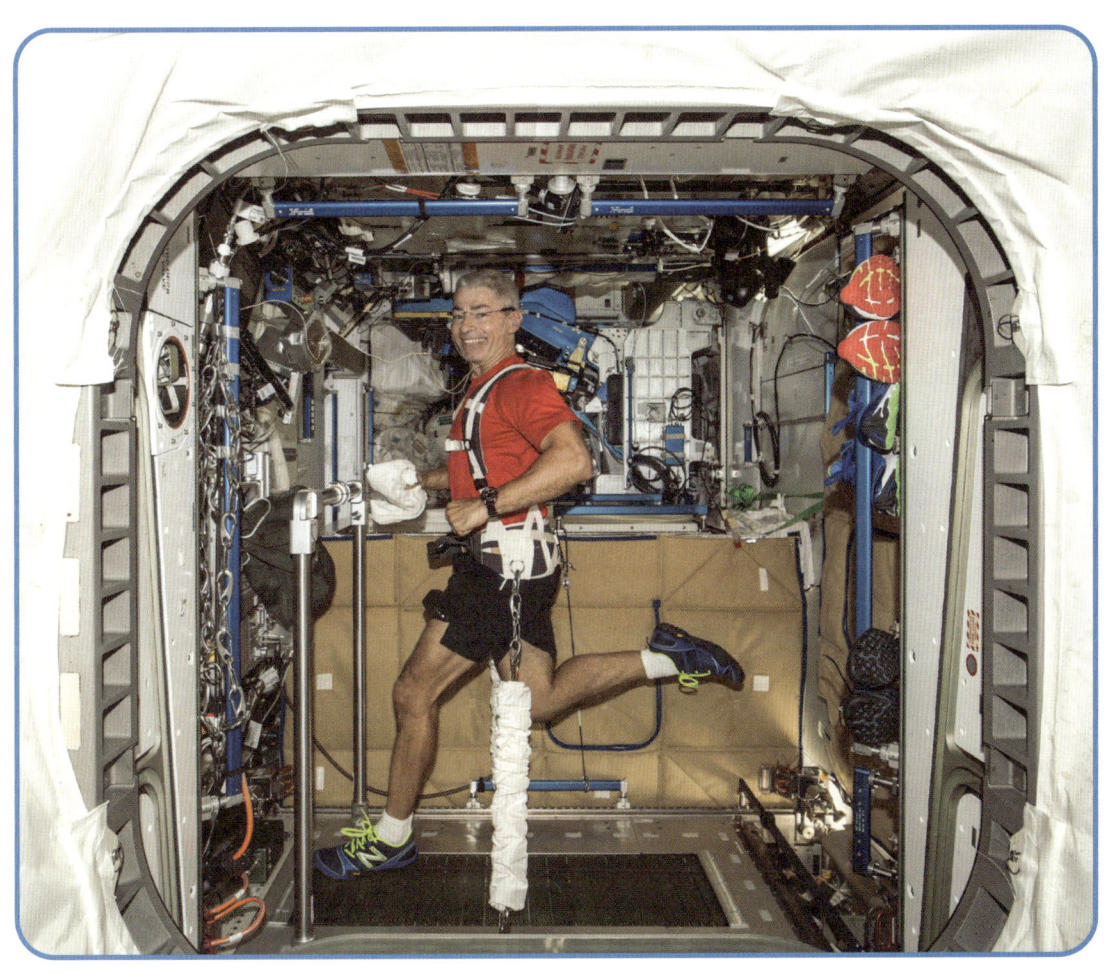

우주 비행사 마크 반데 헤이가 국제 우주 정거장의 콜버트 러닝 머신 위에서 운동을 하고 있어요.

국제 우주 정거장에서 생활하는 우주 비행사는 근육과 뼈를 튼튼하게 유지하기 위해 매일 2시간씩 운동을 해야 해요. 그들은 몸이 뜨지 않도록 러닝 머신에 몸을 묶고 운동해요. 단, 역기를 드는 유형의 운동은 하지 않아요. 무중력 상태라 어떤 무게도 느끼지 못하거든요. 대신 스트레칭 스트랩과 기계를 사용하여 근육을 단련해요.

우주 비행사가 우주에 도착하면 처음 며칠 동안은 멀미를 하기도 해요. 하지만 시간이 지나 신체가 우주 공간에 적응하면 기분이 훨씬 나아진답니다.

어린이 과학자 활동을 해 봐요

우주 비행사는 실험을 하기 위해 국제 우주 정거장에 있는 글러브 박스를 사용해요. 글러브 박스는 우주 비행사를 위험한 물질로부터 보호해요. 그리고 실험을 할 때 먼지나 오염 물질 또는 세균으로부터 방해받지 않게 해 줘요. 글러브 박스를 어떻게 사용하는지 같이 알아봐요!

안전이 제일 중요해요! 활동을 하기 전, 주변 어른에게 도와달라고 부탁하세요.

재료
- 가위
- 중간 크기의 종이 상자
- 고무장갑
- 덕트 테이프(알루미늄 테이프)
- 종이
- 투명 비닐 랩

활동
1. 주변 어른에게 상자의 덮개를 잘라 달라고 부탁하세요.
2. 그런 다음, 상자의 한쪽 면에 구멍을 두 개 뚫어 달라고 요청하세요. 구멍은 손을 넣을 수 있을 만큼 커야 해요.
3. 장갑의 손가락 부분이 상자 안에 들어가도록 장갑을 두 구멍에 하나씩 밀어 넣어요.

우주 비행사 랜디 브레스닉이 국제 우주 정거장에서 암 연구 실험을 하기 위해 글러브 박스를 사용하고 있어요.

4. 테이프로 구멍의 바깥쪽에 장갑의 손목 부분을 붙여요. 이때 장갑에 손을 넣을 공간을 남겨 두어야 해요.
5. 종이와 연필을 상자 안에 넣어요.
6. 상자 윗부분을 랩으로 덮고 테이프로 고정해요.
7. 장갑에 양손을 넣으세요. 이제 실험을 할 준비가 되었어요!

상자 안에서 종이를 접거나 여러분의 이름을 적을 수 있나요? 또 무엇을 할 수 있을까요?

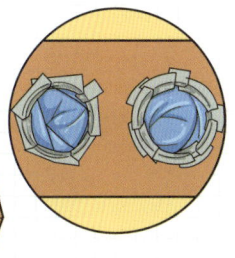
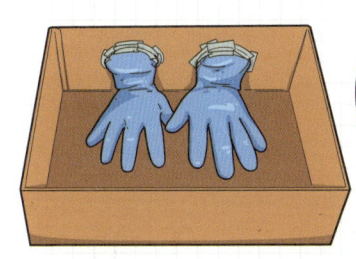
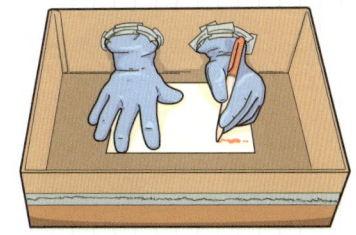

우주에서의 생활　63

달에 있는 아폴로 17호의 루나 로버예요.
우주 비행사 유진 서넌이 운전하고 있어요.

5장
우주에 가 본 적 있나요?

역사를 통틀어 지구에는 약 1천억 명의 사람들이 살아 왔어요. 그중 얼마나 많은 사람이 우주에 가 봤을까요? 놀랍게도 600명이 넘지 않아요!

미국, 러시아, 중국은 사람들을 우주선에 태워 우주로 보냈어요. 초기 우주 비행사는 대부분 미국인이나 러시아인이었어요. 이제 우리는 우주 비행사가 이뤄 낸 놀라운 일들에 대해 알아볼 거예요. 또한 우주로 보낸 동물들과 우주에서 발생한 여러 이상한 일들에 대해 이야기할 거예요.

우주에서 생긴 인류 최초의 사건과 환상적인 업적들

인류를 우주로 보내는 것은 굉장한 업적이에요. 우주 비행사는 우주를 여행하면서 놀라운 일을 해냈어요. 우주에서 생긴 인류 최초의 사건과 용기 있는 우주 비행사들의 환상적인 업적을 알아봐요.

알고 있었나요?
유리 가가린이 탑승한 우주선은 인간을 지구에 안전하게 착륙시키기에는 기술적으로 부족했어요. 그래서 우주선이 지구 대기권에 충분히 들어왔을 때, 가가린은 보스토크 1호에서 낙하산을 타고 지구에 내려왔답니다.

세계 최초의 우주 비행사 (1961년)

유리 가가린

그는 보스토크 1호를 타고 지구 궤도를 돌았어요.

미국 최초의 우주 비행사 (1961년)

앨런 셰퍼드 주니어

그는 궤도에 진입하지 않고 포물선 비행 후 지구로 하강하는 준궤도 비행을 했어요. 이것은 우주에 다녀왔지만 궤도를 따라 돌지는 않았다는 의미예요.

지구 궤도를 선회한 최초의 미국인 (1962년)

존 글렌

그는 우정 7호 우주선을 타고 세 번이나 지구 궤도를 돌았어요.

최초의 여성 우주 비행사 (1963년)

발렌티나 테레시코바

그녀는 보스토크 6호를 타고 우주로 날아가 지구를 48바퀴 돌았어요.

최초의 우주 유영 (1963년)

알렉세이 레오노프

그는 약 12분 동안 우주 유영을 했어요.

우주 유영을 한 최초의 미국인 (1965년)

에드 화이트

그는 23분 동안 우주선 밖에서 우주 유영을 했으며, 7.6미터 길이의 생명선에 연결되어 있었어요.

인류 최초로 달에 착륙한 우주 비행사 (1969년)

닐 암스트롱과 버즈 올드린

암스트롱이 달에 처음 발을 내디뎠을 때, 그는 "이것은 인간에게는 작은 한 걸음이지만, 인류에게는 위대한 도약이다."라고 말했어요.

이동 수단을 사용한 최초의 달 탐사 (1971년)

아폴로 15호의 우주 비행사들은 달 표면에서 루나 로버를 타고 회전했어요. 그들은 로버를 운전할 때 신나는 놀이 기구를 타는 것 같다고 말했어요.

최초의 라틴 아메리카인 우주 비행사 (1980년)

아르날도 타마요 멘데즈

그는 쿠바 출신으로 소유스 임무를 위해 살류트 6호 우주 정거장으로 날아갔어요.

최초의 미국인 여성 우주 비행사 (1983년)

샐리 라이드
그녀는 우주에 인공위성을 띄우는 우주 왕복선 챌린저호의 임무를 수행했어요.

최초의 아프리카계 우주 비행사 (1983년)

기온 블루포드 주니어
그는 우주에 인공위성을 띄우는 우주 왕복선 챌린저호의 임무를 수행했고, 많은 실험을 완수했어요.

최초로 우주선과 분리된 상태에서 수행한 우주 유영 (1984년)

브루스 맥캔들리스 2세
그는 우주 왕복선 챌린저호 임무를 수행하며 최초로 연결 장치 없이 우주 유영에 성공했어요. 그는 우주 왕복선에서 약 100미터나 떨어진 곳까지 이동했어요.

최초의 아시아계 우주 비행사 (1985년)

엘리슨 오니즈카
그는 일본계 미국인으로 인공위성을 궤도에 띄우기 위해 우주 왕복선 디스커버리호를 타고 이동했어요.

최초의 아프리카계 여성 우주 비행사 (1992년)

메이 제미슨
그녀는 우주 왕복선 엔데버호에 탑승해 8일간 임무를 수행했어요.

최초이자 유일한 3인의 우주 유영 (1992년)

우주 왕복선 엔데버호에 탑승한 세 명의 우주 비행사는 우주선 밖에서 인공위성을 수리하고 우주 왕복선에 연결했어요.

한 번 비행으로 가장 오랫동안 우주에서 생활한 우주 비행사

발레리 폴랴코프
그는 미르 우주 정거장에서 약 438일을 지냈어요.

우주 비행을 한 최고령 우주 비행사

존 글렌

그는 77세의 나이로 마지막 우주여행을 떠났어요.

최초로 국제 우주 정거장에 간 우주 비행사 (2000년)

**유리 기젠코,
빌 셰퍼드,
세르게이 크리칼레프**

세 명의 우주인을 태운 소유스 우주선이 국제 우주 정거장으로 발사됐어요.

한 번에 가장 오래 우주 유영을 한 우주 비행사 (2001년)

제임스 보스, 수잔 헬름스

그들은 약 8시간 56분 동안 EVA 우주복을 입고 국제 우주 정거장을 정비했어요.

최초의 우주 관광객 (2001년)

데니스 티토

그는 국제 우주 정거장에 가기 위해 러시아 우주 프로그램에 2천만 달러(한화 약 260억 원)를 지불했어요.

우주에서 가장 오래 체류한 우주 비행사

겐나디 파달카

그는 미르 우주 정거장과 국제 우주 정거장에서 5차례 체류했어요. 총 879일을 우주에서 보냈어요.

우주에서 가장 오래 체류한 여성 우주 비행사

페기 윗슨

그녀는 국제 우주 정거장에서 665일을 보냈어요.

우주로 간 동물들

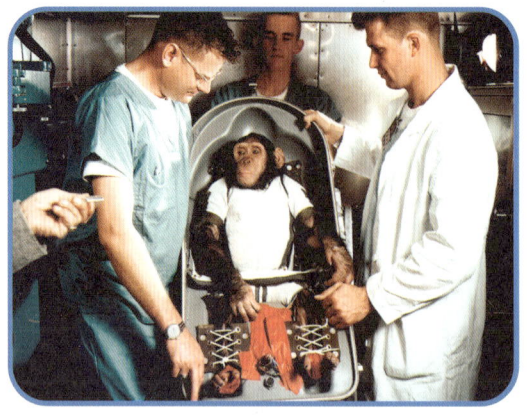

침팬지 햄이 MR-2 준궤도 시험 비행을 위해 바이오팩 소파에 앉아 있어요. 햄은 비행 중 번쩍이는 조명에 대응해 레버를 당기는 작업을 수행했어요.

인간이 우주에 간 최초의 생명체는 아니에요. 과학자들은 우주 비행이 인간에게 안전한지 확신할 수가 없어서, 동물을 먼저 보냈어요. 그리고 우주 비행이 동물들에게 어떤 영향을 미치는지 실험했어요.

지구의 대기권을 벗어난 최초의 동물은 초파리였어요. 파리들은 몇 분 동안 우주로 올라갔다가 궤도에 오르지도 못하고 다시 내려왔죠.

1957년, 러시아는 떠돌이 개였던 라이카를 스푸트니크 2호에 태워 우주로 보냈어요. 가장 긴 우주 비행 기록을 세운 개도 있어요. 바로 베테로크와 유골리요크였죠. 이들은 22일 동안 지구 궤도를 돌았어요.

1968년, 러시아는 존드 5호에 거북이 두 마리를 실어 우주로 보냈어요. 또한 아폴로호의 임무를 위해 초소형 생물과 식물 씨앗, 쥐 같은 작은 생명체들이 달에 갔어요.

이후로 황소개구리, 거미, 개미 심지어 도롱뇽까지 우주로 여행을 떠났어요. 물론 오늘날에도 여러 실험을 위해 많은 동식물이 우주로 보내져요.

1973년, 거미 한 마리가 미국 최초의 우주 정거장인 스카이랩에 거미줄을 쳤어요.

우주에 가져간 물건들

만약 여러분이 우주에 간다면 좋아하는 인형이나 장난감을 챙길 건가요? 사실 우주 비행사도 장난감을 좋아해요! 영화 〈토이 스토리〉에 등장하는 우주인 장난감 '버즈 라이트이어'는 국제 우주 정거장에서 467일을 지냈어요. 어떤 비행사보다도 더 오래 지낸 거죠! 스모키 베어 인형도 국제 우주 정거장에서 많은 시간을 보냈어요.

알루미늄 레고도 무인 우주선을 타고 화성 표면으로 올라갔어요. 레고 장난감 인형은 주노 우주선을 타고 목성을 탐사했답니다!

미국의 라이트 형제가 만든 세계 최초의 동력 비행기인 '라이트 플라이어'는 아폴로 11호의 임무와 다양한 임무를 수행하며 우주를 비행했어요. 또한 영화 〈스타워즈〉에 나오는 광선검도 우주로 날아갔다 돌아왔죠. 이렇게 역사 속의 물건들이 우주에 가면서 다시 역사를 만들기도 해요.

2018년에는 우주 민간 기업 스페이스X가 팰컨 헤비 로켓을 시험 발사했어요. 우주복을 입은 마네킹 '스타맨'을 스포츠카에 앉혀 화성으로 쏘아 올리는 데 성공했죠. 현재 자동차와 스타맨은 여전히 우주에 있답니다!

2012년, 스모키 베어 인형이 국제 우주 정거장의 데스티니 연구소를 자유롭게 떠다니고 있어요.

'스타맨'으로 알려진 마네킹이 지구를 배경으로 로드스터 차에 앉아 있어요. 자동차와 마네킹은 최초의 팰컨 헤비 로켓으로 발사되었어요.

보이저 금제 음반

천문학자들은 다른 행성이나 별에도 생명체가 존재하는지 궁금했어요. 지구 저 너머에 외계 생명체라 불리는 것이 존재할 수도 있지만 지금까지 우리는 어떠한 외계 생명체도 찾지 못했어요. 하지만 우주에는 많은 별과 행성이 있으므로 생명체가 있을 수도 있겠죠. 심지어 지적인 '외계인'이 있을 수도 있고요. 아마 외계인이 있다면, 지구와 상당히 멀리 떨어져 있을 거예요.

외계인에게 메시지를 보내고 싶다면 어떻게 해야 할까요? 1977년, 보이저 1호와 2호를 발사하기 전에 과학자들은 이 질문에 대해 생각했어요. 그리고 각각의 보이저 우주선에 금제 음반을 실었어요. 이 음반에는 새소리, 파도 소리와 같은 지구의 자연 소리, 다양한 민족의 음악, 55개의 언어로 된 인사말 등의 소리와 영상이 기록되어 있어요. 미래에 이 우주선을 발견하게 될 외계인에게 보내는 메시지와 정보를 담고 있는 것이죠. 지금도 보이저 우주선은 지구의 목소리를 싣고 우주를 여행하고 있어요.

보이저 1호와 보이저 2호에 실린 금제 음반이에요.

얼마나 오래 여행해야 할까요? 보이저 우주선이 다른 별들에 접근하려면 수만 년은 걸릴 거예요!

각각의 음반은 지구와 지구에 사는 사람들에 대한 정보를 담은 일종의 타임캡슐이에요. 외계인은 음반에서 무엇을 찾을 수 있을까요? 음반에는 사람, 식물, 동물, 자동차, 도시 등의 사진들이 있어요. 몇몇 사진은 다른 문화권 사람들의 모습을 보여 줘요. 또한 태양계 그림과 행성 사진도 있어요. 여러 언어로 말한 인사말에는 한국어도 포함되어 있답니다!

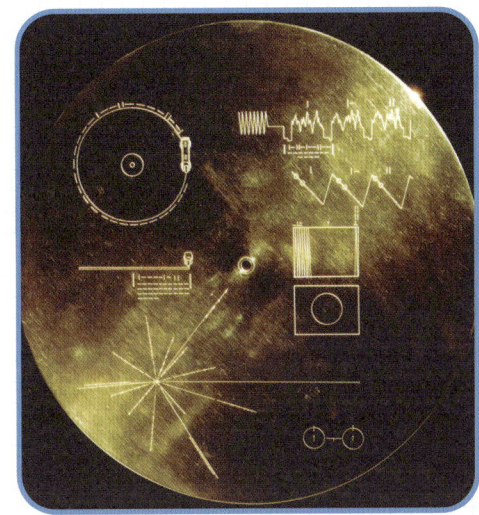

보이저 금제 음반의 표지는 우주 운석의 폭격으로부터 음반을 보호해요. 그리고 음반을 재생하는 방법에 대한 정보도 있답니다.

어린이 과학자 활동을 해 봐요

여러분은 외계인에게 메시지를 보내기 위해 어떤 물건을 우주로 보낼 건가요? 목록을 만들어 봅시다!

재료
- 연필과 종이 또는 컴퓨터

활동
여러분만의 금제 음반에는 어떤 내용을 담을 건가요? 사진과 소리를 담아도 돼요. 종이 또는 컴퓨터에 여러분이 생각한 것들을 적으세요. 다음은 목록을 작성하는 데 도움이 될 수 있는 질문들이에요.

- 사람, 동물, 장소 등을 찍은 사진을 넣을 건가요? 누구를 찍을 건가요? 소개하고 싶은 동물과 장소가 있나요?
- 어떤 음악을 넣을 건가요?
- 외계인이 흥미로워 할 만한 소리가 있을까요? 무엇일까요?
- 금제 음반에는 전 세계인의 인사말이 담겨 있어요. 여러분의 인사말은 뭐라고 할 건가요? 인사말을 녹음하려면 누구에게 요청해야 할까요?

작성한 목록에 날짜를 꼭 적어 주세요. 그런 다음 미래에 지금 작성한 목록을 다시 보면 내용을 변경할 수도 있어요.

여러분이 할 수 있는 활동이 하나 더 있어요. 선택한 물건 중 몇 가지를 가지고 타임캡슐을 만드는 거예요. 사진과 그림을 상자에 넣거나 컴퓨터를 사용하면 디지털 타임캡슐을 만들 수도 있어요. 디지털 타임캡슐은 USB 플래시 드라이브에 사진이나 노래를 넣으면 완성돼요. 몇 년 후에 타임캡슐을 열어 볼 수 있도록 상자와 USB 드라이브를 안전한 곳에 보관하세요.

우주 비행사들이 자신의
우주복 뒤에 서 있어요.

6장
우주로 가는 티켓

이제 여러분은 우주 비행사가 되기 위해 필요한 모든 것을 배웠어요. 언젠가 여러분이 정말 우주 비행사가 된다면 어떨까요? 상상만으로도 두근거리지 않나요? 그럼 더 자세히 우주 비행사라는 직업에 관해 알아봐요.

여러분은 지금 무엇을 할 수 있을까요?

여러분이 우주 탐사에 대해 재미있게 배울 수 있는 방법이 많아요! 부모님에게 도움을 요청해, 인터넷에서 우주 관련 사이트를 찾거나 지역 도서관에서 책을 찾아보세요. 나사(NASA) 홈페이지를 방문하면, 우주 정거장에 있는 우주 비행사가 지금 무엇을 하고 있는지 확인할 수 있어요. 다양한 웹 사이트를 더 알고 싶다면 81쪽에 있는 '더 알아보기'를 참고하세요.

혹시 우주를 직접 체험해 보고 싶나요? 그렇다면 지역 천문관이나 우주 관련 박물관을 방문하세요. 우주 캠프에 참여할 수도 있어요.

여러분은 가족과 친구들에게 우주에 관해 알려 줄 수도 있어요. 이 책에서 읽은 내용을 공유해 보세요!

밤하늘을 자주 올려다보면서 국제 우주 정거장과 다른 행성을 찾아보세요. 다음 유성우가 언제 올지 알아내면 여러분은 아마 운석을 볼 수 있을 거예요!

여러분은 미래에 무엇을 할 수 있을까요?

우주 비행사가 되려면 대학에 가서 STEM 분야(과학Science, 기술Technology, 공학Engineering, 수학Math)를 공부해야 해요. 그리고 이 분야에서 일하거나 제트기 조종사로 일한 경험이 있어야 하죠. 운동은 필수예요! 건강한 체력을 유지하고 있어야 의료 검진에 통과할 수 있으니까요. 지금은 즐겁게 우주에 대해 배우고, 학교생활을 잘하고, 신체적인 건강을 유지하세요. 여러분이 미래에 어떤 직업을 선택하든, 저는 여러분이 우주 탐험을 계속 궁금해하며 배우길 바라요.

매년 수천 명이 우주인 프로그램에 참여하

기 위해 지원해요. 하지만 그중 10~20명만 우주 비행사로 선발돼요. 우주 비행사가 되는 것은 정말 어려운 일이죠? 하지만 우주 비행사가 아니어도 여러분이 좋아하는 직업을 찾는다면, 여러분은 정말 행복할 거예요.

우주와 관련한 다양한 종류의 직업군이 많다는 사실을 기억하세요. 우주 비행사, 과학자, 로켓 기술자 외에도 작가, 예술가, 관리자 그리고 다른 많은 일을 하는 사람들이 있어요.

지금 여러분이 할 일은 그저 재미있게 배우는 거예요! 즐기세요!

국제 우주 정거장에서 우주 왕복선 STS-131의 대원들과 국제 우주 정거장 원정대 23호 대원들이 함께 모였어요.

인류는 아폴로 11호 임무 중에 처음으로 달 위를 걸었어요.
닐 암스트롱이 그 첫발을 내디뎠어요.

더 알아보기

웹 사이트

astro.kasi.re.kr
한국천문연구원에서 운영하는 사이트예요. 고대부터 현대까지의 천문 관측 자료와 우주 관련 학습 자료를 제공해요.

spaceweather.rra.go.kr
우주 전파 관련 사이트예요. 흑점에 관한 정보와 우주 관련 재난을 예보해요. 다양한 정보를 만화로 쉽고 재미있게 배울 수 있답니다.

starwalk.space/ko/news
별과 행성에 대한 수많은 정보와 3D로 구현한 이미지, 내부 모습, 별자리 등 다양한 자료가 있어요. 최신 천문학 뉴스와 퀴즈를 통해 재미있게 공부할 수 있답니다. 스마트폰 어플리케이션을 사용하면 더 편리하게 이용할 수 있어요!

NASA KIDS' CLUB
미래의 우주 비행사를 꿈꾸고 있나요? 이 사이트를 방문해 보세요. 우주 관련 주제로 재미있는 게임과 자료가 많이 있답니다.

NASA SPACE PLACE
이 사이트를 방문해서 우주에 대해 배우고, 우주와 관련된 활동과 실험을 즐겨 보세요.

NASA'S SPOT THE STATION
여러분이 살고 있는 지역에서 언제 국제 우주 정거장을 관찰할 수 있는지 확인해 보세요!

RANDOM SPACE FACTS
이 책을 쓴 브루스 베츠 박사님의 홈페이지예요. 박사님의 대한 정보와 우주와 천문학 관련 수업, 동영상 등 다양한 자료들을 살펴보세요.

용어 풀이

궤도
우주선, 달 또는 다른 물체가 중력이나 자기장의 영향을 받아 다른 물질이나 물체 주위를 돌면서 따라가는 경로.

극미 중력
중력이 거의 없는 우주 궤도의 상태.

대기
우주에 있는 행성, 달 또는 다른 물체를 둘러싸고 있는 공기.

도킹
우주 공간에서 우주선이나 인공위성이 서로 결합하는 일.

로켓 기술자
로켓, 위성, 우주선 같은 날 수 있는 기계를 설계, 제작 및 테스트하는 사람.

로켓
연료를 태우고 가스를 분출해 물체를 앞으로 나아가게 하는 장치.
* 기상 관측, 우주선 발사, 무기 개발 등에 이용해요.

루나 로버
달에서 주행할 수 있도록 제작된 특수 차량.

마찰
두 물체가 서로 닿으면서 느려지거나 멈추는 힘.

망원경
두 개 이상의 볼록 렌즈를 맞추어서 먼 곳에 있는 물체를 크고 정확하게 보도록 만든 과학적인 도구.

무인 우주선
사람이 탑승하지 않고 지구에 있는 사람이나 컴퓨터에 의해 원격으로 조종되는 우주선.

발사
우주로 로켓을 쏘는 일.

방열판
대기권으로 진입할 때 열로부터 우주선 내부를 보호하는 우주선의 부품.

연료
열이나 빛, 전력을 만들기 위해 태울 수 있는 모든 물질.

우주복
우주선 밖에서 생존하는 데 필요한 산소를 공급하고, 외부로부터의 충격에 대비해 우주 비행사에게 지급되는 특별한 옷.

우주 비행사
우주 비행을 하기 위해 특별한 훈련을 받은 사람.

우주선
우주 공간을 비행하도록 설계된 비행 물체.

우주 유영
우주 비행사가 우주복을 입고 우주선 밖에서 하는 모든 일.
* 선외 활동(EVA)이라고도 해요.

우주 정거장
우주에서 안정된 궤도에 건설된 대형 우주 구조물.
* 우주 비행사들이 생활하며 우주 실험, 관측을 하는 기지입니다.

위성
행성 주위를 도는 천체.

유인 우주선
생명체를 우주로 실어 나르는 우주선.

준궤도 비행
궤도 진입 없이 포물선 비행 후 지구로 하강하는 것.

중력
지구와 물체가 서로 당기는 힘.
* 우리가 지구 표면에서 걸어 다닐 수 있는 것도 다 중력 때문이죠!

천문학자
여러 관측 장비를 사용하여 지구 대기권 밖의 모든 것을 연구하는 사람.

탐사선
행성, 소행성, 달 또는 다른 우주 물체에 대한 정보를 얻기 위해 우주로 보내는 비행 물체.

태양계
태양과 태양 주위를 도는 8개의 행성 및 소행성 등으로 구성된 천체.

행성
태양 주위를 돌지만 스스로 빛을 내지 않는 천체.
* 크고 둥근 공 모양이에요.

찾아보기

A~Z
EVA 우주복 35, 52, 69
VR 30

ㄱ
겐나디 파달카 69
고급 승무원 탈출복 33
구토 혜성 30
국제 우주 정거장 2, 8, 11, 14~18, 21, 28, 29, 31~33, 35, 36, 38, 47, 49, 52, 54~62, 69, 71, 79
궤도 10, 11, 15, 20, 21, 23, 24, 39, 42~44, 47, 54, 57, 58, 66, 68, 70
궤도선 40, 41
극미 중력 56, 57
글러브 박스 62
금제 음반 72~74
기온 블루포드 주니어 68

ㄴ
노구치 소이치 58
닉 헤이그 30, 52
닐 암스트롱 10, 67, 80

ㄷ
달 10, 14~17, 23, 42, 44, 47, 64, 67, 70, 80
데니스 티토 69
도킹 포트 55

ㄹ
랜디 브레스닉 43, 62
레로이 차오 56
로봇 42, 49
로켓 14~16, 19, 24, 27, 28, 31, 39~44, 50, 51, 79
로켓 기술자 40, 50, 79
루나 로버 64, 67
루카 파르미타노 35

ㅁ
마찰 43
마크 C.리 58
마크 반데 헤이 61
망원경 22~24
머큐리 우주선 44
멀미 30, 61
메이 제미슨 68
명왕성 25
무인 우주선 23, 25, 36, 42, 43, 71
무중력 18, 19, 29, 30, 61
미르 우주 정거장 11, 68, 69

발레리 코준 59
발레리 폴랴코프 68
발렌티나 테레시코바 10, 67
방열판 43
버즈 올드린 10, 45, 67
보스토크 48, 66, 67
보이저 우주선 72, 73
브루스 맥캔들리스 2세 68
빅터 글로버 31
빌 셰퍼드 69

살류트 1호 10
살류트 6호 우주 정거장 67
살리잔 샤리포프 56
새턴 V 로켓 42
샐리 라이드 11, 68
생존 키트 32
선외 활동 35, 49
선저우 47, 48
성운 20
세르게이 랴잔스키 43
세르게이 크리갈레프 69
소유스 11, 26, 43, 46~48, 67, 69
소유스 로켓 38, 41
수잔 헬름스 69
스카이랩 11, 70
스콧 켈리 26
스타맨 71
스티븐 L. 스미스 58
스티븐 로빈슨 49
스페이스X 11, 71

시그너스 우주선 36
실험 31, 41, 43, 54, 56, 62, 68, 70

아폴로 11호 10, 42, 44, 45, 47, 71, 80
아폴로 15호 67
아폴로 17호 10, 64
아폴로 8호 10
아폴로 우주선 11, 44
알렉세이 레오노프 10, 67
앤드류 모건 8, 35, 52
앨런 셰퍼드 주니어 66
에드 화이트 67
엘리슨 오니즈카 68
연료 35, 40~42, 50
와카타 코이치 60
우정 7호 우주선 66
우주 공간 19, 59, 61
우주 비행사 2, 8~11, 13~19, 24, 26~33, 35, 36, 39, 41~45, 47, 49, 54~62, 64~69, 76~79
우주 왕복선 11, 19, 40, 41, 46~48, 50, 57, 68, 79
우주 왕복선 디스커버리호 24, 57, 68
우주 왕복선 엔데버호 68
우주 왕복선 챌린저호 68
우주 유영 8, 10, 29~31, 35, 49, 57, 58, 60, 67~69
우주 정거장 9~11, 15, 18, 28, 33, 35, 36, 54, 55, 59, 60, 70
우주 탐사 9, 78
우주복 14, 19, 27, 29, 31, 33, 35, 43, 71, 76
우주선 밖 활동용 우주복 31, 34

우주인 69, 71, 78
운동 54, 56, 59, 61, 78
유리 가가린 10, 66
유리 기젠코 69
유인 우주선 11, 40, 43, 44, 47, 48
유진 서넌 64
음식 19, 32, 35, 57, 59
인공위성 42, 49, 57, 68

ㅈ

제미니 8호 10
제미니 우주선 44, 48
제시카 메이어 18, 35, 57
존 글렌 44, 66, 69
준궤도 비행 66
줄리 파예트 19
중력 15, 18, 21, 56

ㅋ

크루 드래건 11
크리스티나 코흐 35, 52

ㅌ

텐궁 1호 11

ㅍ

파올로 네스폴리 43
팰컨 9 11
팰컨 헤비 로켓 71
페기 윗슨 29, 59, 69

ㅎ

한스 리퍼세이 23
햄 70
행성 9, 14, 23, 42, 72, 73, 78
행성 과학자 9
허블 우주 망원경 20, 23, 24, 58

감사의 말!

제니퍼 본의 아낌없는 사랑과 지원에 감사합니다. 그리고 행복과 성취감을 주는 두 아들 케빈과 대니얼 베츠에게도 고마움을 전합니다. 우주에 빠져 있었던 어린 시절부터 지금까지 사랑으로 지지해 주시는 나의 부모님, 바바라 랭 베츠와 캐슬린 레이건 베츠에게 감사함을 전합니다.

그리고 우주 교육을 지원해 주신 빌 나이와 행성 협회 직원분들에게 감사합니다. 편집자 아르티 켈라퓨어에게 감사드리며, 이 책을 더 좋은 책으로 만들어 주신 수잔 헤인즈와 칼리스토 미디어 팀 관계자분들께도 감사드립니다.

브루스 베츠 박사

옮긴이 이은경

광운대학교 영문학과를 졸업하였으며, 저작권에이전시에서 에이전트로 근무하였다. 현재 번역에이전시 엔터스코리아에서 출판 기획 및 전문 번역가로 활동하고 있다. 주요 역서로는 《자연과 친해지는 법을 찾아서》, 《원자에서 우주까지 과학 수업 시간입니다》, 《우주에서 바닷속까지 똑똑한 모험책》, 《멘사퍼즐 두뇌게임》, 《청소년을 위한 극탐험 이야기》 등 다수가 있다.

우주 탐험 백과
지구를 떠나 미지의 우주로! 찬란한 우주여행 이야기

1판 1쇄 펴낸 날 2022년 12월 7일

지은이 브루스 베츠
옮긴이 이은경
주간 안채원
책임편집 장서진
편집 윤대호, 채선희, 윤성하
디자인 김수인, 김현주, 이예은
마케팅 함정윤, 김희진

펴낸이 박윤태
펴낸곳 보누스
등록 2001년 8월 17일 제313-2002-179호
주소 서울시 마포구 동교로12안길 31 보누스 4층
전화 02-333-3114
팩스 02-3143-3254
이메일 viking@bonusbook.co.kr
블로그 http://blog.naver.com/vikingbook

ISBN 978-89-6494-598-8 73440

바이킹은 보누스출판사의 어린이책 브랜드입니다.

• 책값은 뒤표지에 있습니다.